REGISTROS NA EDUCAÇÃO INFANTIL:
PESQUISA E PRÁTICA PEDAGÓGICA

LUCIANA ESMERALDA OSTETTO
(ORG.)

REGISTROS NA EDUCAÇÃO INFANTIL:
PESQUISA E PRÁTICA PEDAGÓGICA

PAPIRUS EDITORA

Capa	Fernando Cornacchia
Foto de capa	Rennato Testa
Coordenação	Ana Carolina Freitas
Copidesque	Lúcia Helena Lahoz Morelli
Diagramação	DPG Editora
Revisão	Cristiane Rufeisen Scanavini

Dados Internacionais de Catalogação na Publicação (CIP)
(Câmara Brasileira do Livro, SP, Brasil)

Registros na educação infantil: Pesquisa e prática pedagógica/ Luciana Esmeralda Ostetto (org.). – Campinas, SP: Papirus, 2017.

Vários autores.
Bibliografia.
ISBN 978-85-449-0270-7

1. Documentação 2. Educação infantil 3. Educadores 4. Pesquisa 5. Prática pedagógica 6. Professores – Formação 7. Projetos I. Ostetto, Luciana Esmeralda.

17-07435 CDD-372.21

Índice para catálogo sistemático:

1. Prática pedagógica: Educação infantil 372.21

1ª Edição – 2017
16ª Reimpressão – 2024

Exceto no caso de citações, a grafia deste livro está atualizada segundo o Acordo Ortográfico da Língua Portuguesa adotado no Brasil a partir de 2009.

R. Barata Ribeiro, 79, sala 316 – CEP 13023-030 – Vila Itapura
Fone: (19) 3790-1300 – Campinas – São Paulo – Brasil
E-mail: editora@papirus.com.br – www.papirus.com.br

SUMÁRIO

A viagem não acaba nunca. Só os viajantes acabam. E mesmo estes podem prolongar-se em memória, em lembrança, em narrativa. Quando o visitante se sentou na areia da praia e disse: "Não há mais que ver", sabia que não era assim. O fim duma viagem é apenas o começo doutra. É preciso ver o que não foi visto, ver outra vez o que se viu já, ver na Primavera o que se vira no Verão, ver de dia o que se viu de noite, com sol onde primeiramente a chuva caía, ver a seara verde, o fruto maduro, a pedra que mudou de lugar, a sombra que aqui não estava. É preciso voltar aos passos que foram dados, para os repetir, e para traçar caminhos novos ao lado deles. É preciso recomeçar a viagem. Sempre.

José Saramago

PREFÁCIO

Registros na educação infantil: Pesquisa e prática pedagógica é um livro que fala da aproximação entre o meio acadêmico e uma instituição de educação infantil. Mas não é uma aproximação que mostra o brio da academia prescrevendo nortes e direções sobre os fazeres e saberes da prática pedagógica. Mostra percursos desenhados a muitas mãos, em que os dois lados fiam e confiam suas histórias, contadas pelos próprios protagonistas. O fio condutor é a discussão sobre documentação pedagógica, objeto da pesquisa "A dimensão estética da documentação pedagógica: Poéticas do processo", referenciada na abordagem italiana de Reggio Emilia para a educação infantil. Com início em 2014 e adotando o formato de pesquisa-formação, o trabalho se desenvolveu em diálogo e colaboração com o coletivo de profissionais de uma unidade municipal de educação infantil de Niterói (RJ).

Mas o interesse de Luciana Ostetto pelo registro diário e sua importância na formação de profissionais da educação infantil é muito anterior. Como anuncia no primeiro capítulo desta coletânea, localiza-se na segunda metade da década de 1990, quando inicia a docência no curso de Pedagogia e orienta projetos de estágio na Universidade Federal de

Santa Catarina. Num desses projetos, o trinômio planejamento, registro e avaliação é afirmado como valioso instrumento da prática pedagógica na educação infantil. Mobilizada pelo potencial do registro escrito na construção de autorias, Luciana percorre com ele o caminho da pesquisa e da supervisão de estágio e promove muitas autorias.

Lembro aqui de dois livros organizados pela pesquisadora, verdadeiras obras-primas que testemunham esse potencial do registro: *Encontros e encantamentos na educação infantil: Partilhando experiências de estágios*, de 2000, hoje em sua 10ª edição; e *Educação infantil: Saberes e fazeres da formação de professores*, de 2008, atualmente na 5ª edição – ambos publicados pela Papirus. Escrever sobre o cotidiano vivido com as crianças, refletir sobre o fazer docente, avaliar o caminho pedagógico planejado, redefinir ou reafirmar passos, articular teoria e prática aparecem como ações de primeira grandeza, tanto para estagiários e estagiárias de pedagogia, como para profissionais da educação infantil.

O estudo sobre a abordagem Reggio Emilia para a educação infantil e, depois, a visita a suas escolas de infância, no contato com professores, pedagogistas e atelieristas, permitiram aprofundar a compreensão sobre a documentação pedagógica. Nessa compreensão renovada, o registro é exercitado além da escrita: fotografias, áudio e videogravações são importantes elementos que possibilitam captar vozes e ações de crianças e docentes em atividades, ampliando focos de escuta e de interpretação sobre as culturas infantis. A discussão sistemática dos registros é outro ponto relevante daquela abordagem, reafirmando que documentar é parte integrante do trabalho cotidiano: alimenta o planejamento; comunica, dá visibilidade ao cotidiano pedagógico. A dimensão estética do processo de registro e documentação ganha relevo. Manifesta-se pela qualidade da escuta, pela abertura e sensibilidade para conectar-se ao outro e ouvi-lo, com compromisso e disposição de acolher sua voz com todos os sentidos.

A pesquisa-formação que dá origem a esta coletânea assume esses contornos. Não é invasiva como muitos processos investigativos e formativos que tradicionalmente conhecemos, pois baseia-se no que acontece no cotidiano de uma unidade de educação infantil, acolhe seus limites e suas possibilidades, e convida o outro a crescer junto, no processo do acontecimento. Os colaboradores não são simplesmente "sujeitos da pesquisa". Os dados são gerados no estar junto, na escuta sensível, na partilha de conhecimento apoiada no respeito mútuo e no cultivo da confiança. A documentação pedagógica adquire, assim, duplo lugar, como objeto e guia para o percurso metodológico da pesquisa. O resultado é a visibilidade dada aos processos e às trajetórias de aprendizagens em torno da documentação pedagógica em que a autoria se faz potência.

Neste livro, todos os capítulos são tecidos com a elegância e a coragem de quem se apropriou da compreensão da estética como qualidade do conhecimento, como afirma a atelierista italiana Vea Vecchi. Conhecimento criado por meio da relação, da construção de teoria, escuta e conexões.

Ao abrir espaço à palavra e à experiência de um coletivo formado por professoras, gestoras, coordenadoras pedagógicas e bolsista de iniciação científica participantes da pesquisa, este livro não se limita a relatos, na forma usual dos relatos de experiência. Em sentido contrário, testemunha a prática refletida que se conecta à teoria e dá visibilidade a percursos de formação que guardam uma beleza genuína: reúne harmonia, autenticidade, humildade e empoderamento.

Trata-se de uma leitura prazerosa e instigante que nos convida a participar dos percursos desse coletivo. Convido todos a uma boa leitura!

Lenira Haddad
Universidade Federal de Alagoas
26 de julho de 2017

APRESENTAÇÃO

UNIVERSIDADE E EDUCAÇÃO INFANTIL: DESENHANDO PERCURSOS, (CON)FIANDO HISTÓRIAS

O livro que se apresenta dá visibilidade a alguns percursos traçados e vividos na aproximação cultivada entre universidade e educação infantil. Fala de movimentos e experiências fertilizados no encontro de duas instituições que, com suas especificidades, tramaram pontos de encontro com as linhas de suas histórias e do desejo recíproco de se conhecerem. As narrativas que compõem suas páginas revelam percursos de pesquisa e formação trilhados no exercício da escuta – compreendida como disposição, abertura e sensibilidade para reconhecer o outro, suas vozes, suas expressões, sua identidade, possibilitando acolher e ser acolhido –, em tempos e espaços compartilhados que revelam, por sua vez, diferentes saberes, múltiplas formas de pensar, organizar e fazer educação infantil.

Tramando histórias e memórias da prática pedagógica com crianças de 2 a 5 anos de idade, todos os capítulos que compõem este livro embasaram-se em artigos produzidos no contexto da pesquisa "A dimensão estética da documentação pedagógica: Poéticas do processo", por mim coordenada e desenvolvida (nos anos de 2015 e 2016) na Faculdade de Educação da Universidade Federal Fluminense (UFF), em diálogo e colaboração com o coletivo de educadoras – diretora, diretora-adjunta, duas pedagogas e 18 professoras – da Unidade Municipal de Educação Infantil (Umei) Rosalda Paim, localizada no centro de Niterói. Articulando pesquisa e extensão, e apoiada em pressupostos de trabalhos investigativo-participativos, essa pesquisa destacou o exercício da observação, do registro e da reflexão sobre a ação educativa cotidiana, colocando em discussão a prática e a pesquisa da documentação pedagógica.

Sustentado por uma dinâmica de encontros de estudo e troca com as educadoras, abordando diferentes modalidades de registro, na articulação de conceitos e reflexões sobre suas próprias práticas, o projeto de pesquisa-formação também foi mobilizado pelo desejo de contribuir com os processos de registrar e documentar das participantes e da instituição. Conhecer as formas e os conteúdos dos registros já produzidos no interior da Umei Rosalda Paim foi o ponto de partida, e, desde esse início, seguimos juntas na reflexão sobre as práticas de narrativas do vivido. O itinerário projetado passava pelo claro objetivo de estar junto com as educadoras para escutar – com todos os sentidos – as formas e os conteúdos de que lançavam mão para produzir memória sobre o que estava acontecendo no cotidiano educativo, formas que revelam maneiras de ser professora, diretora ou pedagoga.

Nos capítulos aqui reunidos ecoam vozes de educadoras que, seja na gestão, na administração, na coordenação pedagógica, seja na docência, no exercício da pesquisa de iniciação científica, tomam seus processos formativos e suas práticas nas mãos, e, com coragem, ousadia e beleza, afirmam autoria, estampando retratos da prática pedagógica experienciada nesse "simplesmente complexo" espaço de educação, que é a creche.

Abrindo esta coleção de narrativas, a autora do capítulo "No tecido da documentação, memória, identidade e beleza" coloca em discussão concepções e práticas de documentação pedagógica, apresentando narrativas da pesquisa que deu origem ao presente livro. Para dar visibilidade às formas de registro da instituição pesquisada, fala de caderno de registro diário, blocão, relatórios, fotografias, murais. Por fim, destacando as interioridades que revelam a pele da Umei, suas paredes e seus corredores, tematiza os sentidos das exposições e dos murais no espaço da educação infantil.

No capítulo "A criança como centro da ação gestora: Desafios na educação infantil", as autoras – diretora e diretora-adjunta da Umei Rosalda Paim – traçam um panorama do trabalho que vêm realizando, apontando os caminhos já trilhados e destacando os desafios envolvidos no compromisso de construir um projeto pedagógico coletivo. Afirmam que a ação gestora é muito maior do que cumprir compromissos burocráticos e que, ao contrário, o administrativo está absolutamente interligado ao pedagógico, passando pelas relações interpessoais, pela formação continuada das professoras e pelo trabalho com as crianças e suas famílias.

A linha que tece o texto seguinte, "Registro e documentação pedagógica como projeto de formação docente", articula-se diretamente com o conteúdo do capítulo precedente e, em certo sentido, o complementa, na medida em que as vozes que o enunciam vêm das duas pedagogas que compõem, com as diretoras, a equipe gestora-pedagógica (ou de articulação pedagógica, como também é chamada). Tematizando o processo de documentação pedagógica no cotidiano da Umei, as autoras falam do vivido e do projetado, sendo movidas pelo sonho de construir novas práticas na educação infantil. Nesse processo, focalizam as ações e proposições de formação continuada que planejam e realizam no âmbito da instituição, discutindo a importância do aprendizado do olhar e do dizer sobre as experiências que professoras e crianças protagonizam no cotidiano educativo. Ao falarem do registro escrito e de outras formas de documentar, contam sobre descobertas e experimentações no percurso compartilhado com as professoras.

Em "Crianças, natureza e seres desimportantes", as autoras – professoras de um grupo de crianças de 4 anos – contam suas aventuras pelo universo dos seres desimportantes: tal como o "apanhador de desperdícios", da poesia de Manoel de Barros, o projeto desenvolvido foi recheado de encontros com a natureza, ampliando buscas, descobertas, experimentações. Dentre as inúmeras experiências protagonizadas pelas crianças e pelas professoras, o "Insetário" e o "Coisário Elemental", coleções de coisas desimportantes, pulsam como a curiosidade e a vivacidade de meninos e meninas que se põem a brincar e a caçar tesouros.

A curiosidade e a livre manifestação das crianças estão no ponto de partida do trabalho desenvolvido e compartilhado no capítulo "Da escuta das crianças à intencionalidade do planejamento na educação infantil", também de autoria de duas professoras. Compreendendo que a observação e a escuta atentas levam professores e professoras a acolher cada opinião, a refletir sobre os significados das vozes e dos gestos das crianças, e que, ao ouvi-las, podem-se perceber caminhos apontados para planejar, o texto fala da importância de potencializar processos e propiciar um espaço maior de trocas, interações e aprendizagens. Dentre as muitas propostas, fala de encontros com a arte: com a música, a literatura, a poesia, a pintura.

No capítulo "Ao infinito e além: Desafios e experimentações de um grupo na educação infantil", tempos e espaços, brincadeiras, literatura, aventuras, planejamento e registro são aspectos discutidos e que, entre desafios e experimentações, compõem os percursos vividos e documentados pela professora autora do capítulo, com um grupo de crianças, em 2016. Histórias de chegar e partir, de resistência e enfrentamento, de aproximação e acolhimento, de afeto conquistado, de observar para conhecer e para traçar caminhos, de aprendizagem, convívio, desenvolvimento e criação aparecem na narrativa.

Que contribuições a utilização de diferentes registros traz à educação infantil e a suas professoras? Essa foi a questão central que atravessou o trabalho de investigação que dá base ao capítulo "Marcas dos saberes e fazeres de crianças e professoras". Para responder a ela, a autora, então estudante do curso de Pedagogia da UFF e bolsista de iniciação científica (entre agosto de 2015 e agosto de 2016) na pesquisa que deu origem ao livro que ora apresento, tomou para a produção de dados os registros em caderno de campo das reuniões de planejamento e de formação continuada realizadas na Umei, das quais participavam todas as professoras, as pedagogas e as diretoras da instituição. Tais registros foram sistematizados em relatórios mensais, de caráter descritivo-analítico. Também inventariou os materiais produzidos como registro e documentação pelas professoras em seu fazer cotidiano, detendo-se na análise de um material específico: os blocões – espécie de álbum com folhas grandes de cartolina, espaço para anotações de histórias do grupo e produções das crianças e professoras.

Cada qual a seu modo, os capítulos reunidos neste livro dão visibilidade a percursos projetados, trilhados e documentados no encontro entre universidade e educação infantil. Para chegarmos até aqui, (con)fiar atitudes, desejos, emoções, esperança, apoio, compromisso foi essencial. Confiança se conquista. Fiar a confiança é processo precioso para nós que trabalhamos no campo da educação, que sonhamos e lutamos diariamente por uma sociedade de plenos direitos, democrática e justa, que brigamos por políticas públicas que valorizem a profissão docente e a profissão de todos aqueles e aquelas que garantem a educação das novas gerações. E, nessa tarefa, a universidade não pode ficar na posição de quem fala para a educação básica. É urgente estar com a educação básica, falar com ela, seguir lado a lado, de mãos dadas, fortalecendo, no nosso caso, a educação infantil em sua existência, resistência e luta em defesa dos direitos das crianças.

Luciana Esmeralda Ostetto
Niterói, outono de 2017

1
NO TECIDO DA DOCUMENTAÇÃO, MEMÓRIA, IDENTIDADE E BELEZA

Luciana Esmeralda Ostetto

> *Duas palavras-chave para qualquer processo de documentação são memória e identidade. Se não temos memória de onde estivemos, do que fizemos e de qual é a nossa história, não teremos uma identidade definida.*
>
> Andrea Rauch (2005, p. 52)

Registro na educação infantil: O tema revisitado

O registro diário, compreendido como instrumento do trabalho pedagógico, como um documento reflexivo de professoras e professores, espaço no qual marcam o vivido – conquistas, descobertas, incertezas, perguntas, medos, ousadias –, e em cuja dinâmica podem apropriar-se de seus fazeres, colocou-se para mim como tema de pesquisa há muitos anos, num contexto de profunda relação com a formação docente para a educação infantil.

Em 1997, um grupo de estagiárias do curso de pedagogia da Universidade Federal de Santa Catarina (UFSC), com a minha supervisão, elaborou um projeto de estágio: "Três cabeças que não se entendem passam fome de tanto pensar... Reflexões sobre planejamento, registro e avaliação" (Souto-Maior *et al.* 1997), e enfatizou a importância e a necessária articulação destes três elementos, já então assumidos como instrumentos da prática pedagógica na educação infantil: planejamento, registro e avaliação. Tal projeto buscava responder a questões pautadas pelos novos conhecimentos sobre as crianças e as instituições de educação infantil, e também pelas determinações legais a respeito de creches, pré-escolas e formação de seus profissionais, instauradas na segunda metade dos anos 1990, sobretudo a partir da promulgação da nova Lei de Diretrizes e Bases da Educação Nacional, lei 9.394/96.

Na mesma época, aprofundando os questionamentos que movimentaram o referido projeto e a realização do estágio, articulando-os com as necessidades indicadas pela prática das educadoras em formação, realizamos a pesquisa "Deixando marcas de nossa história enquanto profissionais da educação infantil". Desenvolvida em conjunto com educadoras (professoras e servidoras técnico-administrativas) do Núcleo de Desenvolvimento Infantil (NDI – instituição de educação infantil ligada ao Centro de Ciências da Educação da UFSC), a pesquisa foi proposta como um convite à aventura do resgate e da apropriação da experiência-palavra das educadoras. Apostando na potencialidade do registro escrito como espaço legítimo de construção de autorias, reafirmava o papel do educador como "autor e narrador, comunicando seu fazer educativo através da palavra escrita, de um texto vivo, real, pois a palavra escrita, como texto, é tradução de uma experiência e, como expressão do vivido, é comunicação e troca" (Ostetto, Oliveira e Messina 2001, p. 13). Com a pesquisa e o trabalho com os profissionais daquela instituição, pudemos construir diálogos que ampliaram a significação do registro para a prática pedagógica.

Os estudos, pesquisas e práticas de formação docente realizados seguiam perspectivas assinaladas por outros pesquisadores brasileiros – tais como Freire (1983 e 1996), Warschauer (1993), Magalhães e

Marincek (1995) –, que reconheciam a prática do registro do cotidiano como essencial, tanto para a qualificação do fazer educativo, como para a formação docente. Madalena Freire (1983, p. 77), primeira referência que encontrei sobre o tema, em experiências brasileiras, destaca a importância do registro diário como documento e como instrumento de contínua reflexão do professor sobre sua prática: "Através dessa reflexão diária [o professor] avalia e planeja sua prática. Ele é também um importante documento, onde o vivido é registrado, juntamente com as crianças. Nesse sentido, educador e educando, juntos, repensam sua prática".

Ao escrever sobre o cotidiano vivido com as crianças, o professor cria espaço para refletir sobre seu fazer, abre possibilidades para avaliar o caminho pedagógico planejado, redefinindo passos ou reafirmando o caminhar. O exercício do registro diário oportuniza, de maneira ímpar, a articulação entre aspectos teóricos e práticos implicados na ação docente, entre conquistas realizadas e desafios mapeados, entre o projetado e o concretizado. Sobretudo: ao registrarem e refletirem sobre o conteúdo registrado, professoras e professores, apropriando-se de sua história, ensaiam autoria.

Com um breve levantamento de histórias e percursos relacionados à prática do registro na educação infantil, produzi um ensaio dando visibilidade a velhos e novos interlocutores que marcam a importância do registro docente como documentação pedagógica (Ostetto 2008). Identifiquei nas propostas educativas desenvolvidas no norte da Itália, particularmente da cidade de Reggio Emilia, um canal fecundo para a ampliação da reflexão, colocando em diálogo experiências italianas e brasileiras.

Nas primeiras experiências e publicações produzidas no contexto brasileiro, identifiquei que o registro apontava, preferencialmente, para a formação continuada (que é autoformação) do professor: registrar é escrever sobre sua prática, tecer memória da experiência, com anotações que serão matéria de análise e reflexão. As experiências das crianças também estavam presentes na recolha de ações, pensamentos e enunciados produzidos em torno de vivências, temas trabalhados e situações encaminhadas no cotidiano educativo, embora não estivessem contempladas como objetivo central dos registros. Por exemplo, no livro *A paixão de conhecer o mundo* (Freire 1983), o leitor encontra-se com a prática apaixonada e comprometida da autora-professora, que publica os relatórios do trabalho realizado em São Paulo, nos anos de 1978 e 1981, com grupos de crianças de 4 e 5 anos. O conteúdo e a forma dos relatórios estão repletos de meninas e meninos que participam, falam, interrogam, propõem, criam, pintam, desenham, inventam histórias, brincam, constituem um grupo juntamente com a professora. Podem-se visualizar algumas dessas histórias e produções plásticas das crianças nas imagens compartilhadas. É muito bonito o livro. Por entre as linhas dos relatórios, li uma ponderação da professora-narradora: "Vale a pena abrir um parêntese aqui para falar da importância das descobertas das crianças. É fundamental que as crianças tomem consciência de que *elas* estão fazendo, conquistando, estão se apoderando do seu processo de conhecimento" (*ibidem*, p. 45; grifo do original). Ou seja, as várias questões que envolvem a prática pedagógica e o registro na educação infantil, incluindo retratos de observações das crianças, estão sinalizadas no livro de Madalena Freire (1983).

Conhecendo as experiências italianas, por sua vez, identifiquei que a documentação focaliza o protagonismo das crianças, seus processos, dando especial atenção a suas linguagens, hipóteses, a seus pensamentos e modos de ser. Por isso mesmo, as formas de registro utilizadas vão além da escrita: fotografias, áudio e videogravações, que captam vozes e ações de crianças e professores em atividades, as próprias produções das crianças, e fotografias dessas produções, constam como elementos essenciais da documentação praticada (Gandini e Goldhaber 2002). Outro aspecto da proposta que convém destacar diz respeito à discussão sistemática dos registros (seja de imagens, produções das crianças, anotações ou conversas capturadas em audiogravador), haja vista que uma das principais razões da documentação é possibilitar o diálogo com todos os envolvidos, buscando reconhecer cada vez mais as crianças e seus percursos de conhecimento e desenvolvimento.

Participei de grupos de estudos na Itália, na cidade de Reggio Emilia, em três ocasiões (nos anos de 2013 e 2014, antes da pesquisa; em fevereiro de 2017, na fase final do projeto), e, no diálogo direto com professoras, pedagogistas e atelieristas de lá, pude retomar o contato com as questões da documentação pedagógica, atualizando a problemática envolvida na prática do registro e ampliando sentidos para o tema que estava recolocado na pauta de meus interesses de pesquisa. Esse movimento de retomada, provocado pelo encontro com a realidade italiana, intensificou a busca pela compreensão sobre os processos de observação, registro e documentação na educação infantil.

Na articulação dos tantos fatores e interesses explicitados, elaborei o projeto "A dimensão estética da documentação pedagógica: Poéticas do processo" (Ostetto 2014), traçado como pesquisa-formação e desenvolvido em diálogo e colaboração com o coletivo de profissionais de uma unidade municipal de educação infantil de Niterói: a Unidade Municipal de Educação Infantil (Umei) Rosalda Paim.

Com o objetivo geral de aprofundar o conhecimento sobre as práticas de registro e documentação no âmbito da educação infantil, identificando e analisando a dimensão estética do processo, a pesquisa buscou também: identificar as modalidades de instrumentos utilizados para o registro das experiências educativas, analisando abrangência e pertinência comunicativa; caracterizar a documentação pedagógica produzida, discutindo forma, conteúdo e recursos expressivos adotados; analisar as narrativas poéticas evidenciadas na produção documental, identificando traços que revelassem a dimensão estética do processo; revisar o conceito de documentação pedagógica, como prática cooperativa e fator de qualificação dos fazeres e saberes dos educadores, oferecendo elementos para a construção de propostas de formação continuada na área de educação infantil; contribuir para o aprimoramento das práticas de registro e documentação realizadas pelos educadores na educação infantil, qualificando as narrativas do processo compartilhado com os diferentes grupos de crianças e famílias, afirmando autorias.

A proposta de pesquisa-formação partiu da observação e da identificação das formas e dos conteúdos dos registros já produzidos no interior da instituição-campo de pesquisa, e expandiu-se no compartilhamento e na discussão de narrativas do vivido, problematizando as práticas e alimentando o diálogo que aponta para a teorização coletiva dos princípios da documentação pedagógica possível.

Deslocando o foco de uma visão prescritiva – categorizando o que é registro e determinando como se faz documentação – para uma visão que dá atenção às possibilidades – intencionando romper com os estreitos parâmetros do certo ou do errado –, no presente capítulo, ainda que os aspectos conceituais envolvidos no tema estejam presentes na trama da reflexão, dialogo com as maneiras próprias de registrar e documentar daquelas educadoras que se fizeram interlocutoras. Desejo, assim, dar visibilidade aos processos, aos percursos de aprendizagens, testemunhados no encontro com educadoras que, assumindo o desafio de efetivar propostas pedagógicas com meninos e meninas na educação infantil, planejam, registram e avaliam – experimentando, criando caminhos, reinventando práticas – com base em seus contextos.

Um tema, um projeto, pesquisa-formação

A Umei Rosalda Paim oferece educação infantil em turno integral a 157 crianças com idades entre 2 e 5 anos. A organização dos grupos de crianças é feita por faixa etária, e em cada um dos oito grupos constituídos trabalham duas professoras. Nesse contexto, o projeto de pesquisa-formação desenvolvido desenhou um fazer investigativo participativo, traçado entre as educadoras. Refiro-me a educadoras, considerando que participaram não apenas as professoras, mas também a equipe gestora-pedagógica (ou equipe de articulação pedagógica): o grupo ficou constituído por 22 profissionais, sendo 18 professoras, uma diretora, uma diretora-adjunta e duas pedagogas.

A pesquisa foi desenvolvida salientando o exercício da observação, do registro e da reflexão sobre a ação educativa cotidiana, integrando a prática e a pesquisa da documentação pedagógica. Para tanto, criou-se uma dinâmica de trocas, acompanhamento e estudo com as educadoras, abordando conceitos e diferentes modalidades de registro, sustentando o diálogo com sua prática concreta, para assim apoiar e contribuir com seus processos de registrar e documentar como um todo.

Na interlocução entre saberes e fazeres, própria dos processos de pesquisa-formação, o exercício da narrativa, fertilizada na aventura-apropriação da experiência-palavra das participantes, norteou o caminho metodológico.

A prática da documentação pedagógica, no contexto italiano, pressupõe observar cuidadosa e atentamente as maneiras próprias de as crianças se relacionarem e construírem conhecimentos sobre e no mundo (Edwards, Gandini e Forman 1995; Gandini e Goldhaber 2002; Dahlberg, Moss e Pence 2003; Fortunati 2003 e 2009; Hoyuelos 2006; Rinaldi 2012). A observação que gera a documentação é marcada pela qualidade da escuta, a qual requer abertura e sensibilidade para conectar-se ao outro, para ouvi-lo. Curiosidade, dúvida, interesse, emoção estão por trás do desejo de escuta e, por isso mesmo, documentar é também compromisso, disposição de acolher as vozes do outro, não somente com as orelhas, como adverte Carla Rinaldi (2012), mas com todos os nossos sentidos.

Nessa direção, o caminho metodológico traçado para a pesquisa aqui referida assumiu princípios constitutivos da documentação pedagógica e privilegiou o estar junto com as educadoras para escutar a multiplicidade de formas e sinais que falam sobre o que está acontecendo no cotidiano educativo e revelam maneiras de ser professora, diretora ou pedagoga. Estar junto – escutar – extrapola atitudes configuradas como aproximação dos "sujeitos da pesquisa" para simples recolha de dados, ou para a apreensão de respostas certas às questões formuladas; ao contrário, significa abertura para a constituição de um campo de significações produzidas no processo e no encontro.

Dentro do quadro explicitado, o material básico da pesquisa-formação contemplou: a) registros escritos, elaborados pelas professoras, como pequenas notas ou escritas no caderno de registro específico; b) registros e documentos de reuniões pedagógicas; c) outros registros (imagéticos, fílmicos, sonoros etc.) produzidos e organizados nos limites de um determinado período, seja pelas professoras, seja pela equipe gestora-pedagógica.

Quanto ao registro escrito, os dados foram acessados por meio de participação e observação de reuniões realizadas na instituição-campo de pesquisa (reuniões de estudo, planejamento pedagógico), utilizando-se principalmente a elaboração de narrativas do percurso (caderno de campo da pesquisadora e da bolsista de iniciação científica que participou do projeto). Na dinâmica própria das reuniões, e compreendendo a investigação na inter-relação pesquisa-formação, foram desenvolvidas propostas de problematização com base em questões formuladas sobre as formas e os conteúdos dos registros escritos que vinham sendo produzidos, os quais eram discutidos nas reuniões. A proposta de produção de pequenos vídeos das crianças (capturando suas interações, formas de ocupação do espaço, brincadeiras) para serem partilhados no encontro de estudo-formação, assim como a proposta de reunir um conjunto de fotografias, com base no qual se faria o exercício de análise, também fez parte do processo.

Com relação aos outros registros, foram inventariados diferentes materiais documentais, procedendo-se ao levantamento das produções da Umei, assim como catalogando tipologias (como, por exemplo, vídeos, fotografias, painéis expositivos, álbuns de atividades, cadernos de registro etc.) e finalidades (observação do cotidiano, elaboração de relatório, compartilhamento na sala do grupo, exposição nos corredores da instituição, socialização com pais e comunidade, sistematização de um projeto etc.). A catalogação dos tipos de registros e de suas finalidades explicitadas ofereceu os tópicos para categorias de análise, na busca por elementos indiciários do processo autoral-formativo.

Em 2014, comecei o diálogo com a equipe gestora-pedagógica, alinhando princípios e perspectivas da pesquisa. Em virtude das reformas no prédio que abrigava a Umei, começamos o trabalho efetivo de encontros de pesquisa-formação no ano seguinte. Durante os dois anos de duração da pesquisa (2015 e 2016), convivendo semanalmente com o coletivo da Umei, tecemos relações significativas, pautadas no respeito mútuo e no cultivo da confiança, que possibilitaram não apenas a produção de dados de pesquisa, mas o conhecimento compartilhado, articulando estudos e práticas, sonhando e projetando coletivamente qualidade para a educação infantil. Na base de tudo, tecemos o estreitamento de laços entre universidade e educação básica, rompendo fronteiras, encurtando distâncias. Aprendizado fundamental.

Para se fazer memória, a documentação nasce da observação

Existe uma cultura da infância submersa, por isso creio que seja uma tarefa importante, para quem trabalha com crianças, torná-la visível.
Vea Vecchi (2005, p. 46)

Para registrar, no cotidiano vivido com um grupo de crianças, é necessário observar ações, reações, interações, proposições não só das crianças, mas também do próprio docente. É preciso ficar atento às dinâmicas do grupo, às implicações das relações pedagógicas, com um olhar aberto e sensível, pois registrar não é uma técnica, nem tampouco pode ocorrer de forma automatizada, como a espelhar o real.

A documentação, nos diz Fortunati (2009), nasce da observação, e observar não é um ato neutro que simplesmente reproduz a realidade. É, ao contrário, um ato interpretativo, que traduz intenções, concepções, valores, expectativas e representações do observador que, ao documentar, revela o seu olhar, o seu pensamento, na documentação produzida.

Interpretar é atribuir significado ao que dizem e fazem as crianças e por isso a observação e a documentação são instrumentos que contribuem para valorizar suas experiências:

> Através da observação e da documentação, de fato, o adulto tem a possibilidade de compreender e conhecer os processos das

crianças, para depois narrá-los por meio de palavras e imagens. Observar e documentar as experiências de uma criança ou de um grupo representam, assim, instrumentos imprescindíveis para o conhecimento das potencialidades e das competências das crianças e do grupo. (Pagni 2011, p. 39)

Como história narrada, nascida da observação cuidadosa de quem está dentro da situação, envolvido, o registro que se converte em documentação pedagógica é um meio privilegiado para ampliação da compreensão dos conceitos e das teorias sobre as crianças – para dar visibilidade à cultura da infância, da qual fala a atelierista Vea Vecchi (2005); é memória das experiências; é ferramenta para que professoras e professores observem, registrem, pensem e comuniquem os acontecimentos cotidianos, que envolvem descobertas, tentativas, experiências, construções, hipóteses das crianças sobre o mundo; e também é canal de comunicação com as famílias (Edwards, Gandini e Forman 1999).

Como argumentou Tiziana Filippini na palestra que proferiu em Reggio Emilia, por ocasião do grupo de estudo lá realizado em 2014: "Projetar e documentar é um modo de ser professor". Nesse contexto, o próprio papel docente está em questão, pois os atos de observar e documentar implicam professoras e professores que, no ofício de cuidar e educar, respeitam a identidade das crianças, escutam e refletem sobre o que testemunham, sem simplificar ou desqualificar os gestos, as palavras, as expressões de meninos e meninas com os quais convivem (Fortunati 2003). Implicam professoras e professores que olham as crianças não à procura do que lhes falta, mas do que já conquistaram, dos saberes que expressam caminhos de sua potência, e, assim, professoras e professores que escutam as crianças perguntando-se sobre seus modos próprios de ser: Quem são, o que buscam, como se apropriam do mundo a sua volta? Nas questões formuladas, um pressuposto visível: as crianças aprendem por meio de sua individualidade e na relação com os outros, com curiosidade e competência, de corpo inteiro. Elas buscam o sentido e o significado das coisas, o sentido do mundo, e frequentemente expressam esses sentidos capturados por meio de diferentes linguagens: crianças dizem, e fazem, cada uma! Essa exclamação, comum ao adulto que se espanta e se maravilha diante das inusitadas perguntas ou ações das crianças, anuncia o novo, e, justamente, é esse novo que precisa ser documentado, para que não seja apenas uma atitude emocional de uma professora mais atenta, que acha graça e se diverte com as peripécias de meninos e meninas.

A documentação assim entendida não é algo estático, "não representa um relatório final, uma coleção de documentos, um portfólio que apenas ajuda com a memória, avaliações, arquivos; é um procedimento que sustenta a ação educativa (o ensino) no diálogo com os processos de aprendizagem das crianças" (Rinaldi 2012, p. 109). As diversas formas de registro (anotações breves em blocos de nota, fotografias, audiogravações, pequenos vídeos que mostrem crianças e docentes em atividade, arquivo de produções das crianças e mesmo fotografias de seus trabalhos) compõem procedimentos que conduzem à documentação: os materiais reunidos vão sendo organizados para refletir sobre o que foi observado e, assim, gerar interpretação que pode fertilizar novas propostas. Como ponderam Dahlberg, Moss e Pence (2003, p. 201), "visualizar a prática requer que o processo de documentação se torne parte integrante do trabalho cotidiano e não algo que está de fora". Ou seja, observar e registrar são ações desenvolvidas ao longo do ano, são práticas e exercícios contínuos.

Ainda que gere um produto (necessário para cumprir alguns de seus objetivos, como a memória e a comunicação), o interesse maior recai sobre o processo, e é nesse específico aspecto que a documentação alimenta o planejamento: quanto mais aprendemos sobre as crianças, seus interesses, suas perguntas, seus conhecimentos, e sobre as formas de expressão que utilizam, mais elementos teremos para um planejamento significativo, que as ajude a avançar em suas hipóteses, para potencializar o desenvolvimento de suas linguagens e apoiar e intensificar suas buscas e suas formas de pensar e fazer.

Planejar e documentar são ações contíguas, andam juntas, uma alimentando a outra. Entretanto, chamo a atenção para um aspecto imprescindível que distingue a abordagem educativa de Reggio Emilia: no lugar de planejamento, que evoca programação, algo instituído, previamente determinado, é utilizada a expressão *progettazione*, um termo difícil de ser traduzido.

> Os educadores italianos usam o termo *progettazione* para definir o complexo planejamento em conjunto que os professores realizam. (...) O currículo é visto como decorrente das observações dos professores sobre as ideias e os interesses das crianças, mas também é elaborado conforme o que os professores pensam que poderá contribuir para o crescimento delas. Portanto, professores e crianças constroem juntos um plano flexível. *Progettazione* é, assim, um processo dinâmico baseado na comunicação que gera documentação e que é reciclado por ela. (Gandini e Goldhaber 2002, p. 154)

Nas imagens, palavras, produções recolhidas pelo olhar do adulto que observa e se coloca como interlocutor dos fazeres das crianças, diz Carla Rinaldi (2012, p. 131), "existe um passado, aquilo que já ocorreu, mas existe o futuro (ou melhor, aquilo que pode vir a acontecer se...)". Aí está a íntima relação entre interpretar o vivido e lançar-se a novas experiências, fecundadas no processo da documentação.

A dimensão comunicativa da documentação precisa também ser destacada, pois os preparativos (que envolvem seleção e organização) para torná-la compreensível e disponível a outros olhares e interpretações possibilitam a revisão do material produzido, "como se estivéssemos vendo e escutando novamente o que já aconteceu e, dessa maneira, conseguindo entendê-lo melhor" (Gandini e Goldhaber 2002, p. 155).

Documentar é contar histórias, testemunhar narrativamente a cultura, as ideias, as diversas formas de pensar das crianças; é inventar tramas, poetizar os acontecimentos, dar sentido à existência, construir canais de ruptura com a linguagem "escolarizada", tradicionalmente cinzenta, rígida, enquadrada, que tantas vezes silencia adultos e crianças. Documentação é autoria, é criação.

Como destacou a pedagogista italiana, "a documentação é uma forma narrativa. (...) Esses 'escritos', em que diferentes linguagens são entrelaçadas (gráfica, visual, icônica), precisam ter o próprio código, a própria convenção no grupo que os constrói e utiliza" (Rinaldi 2012, p. 134). No momento de compartilhar e tornar visível a história que se documentou, muitas e diferentes maneiras podem ser utilizadas, lançando mão de diferentes materialidades e suportes de acordo com o que se quer comunicar e para quem: "painéis, materiais escritos à mão ou digitados, como livros, cadernos, cartas, panfletos, e ainda caixas, tecidos, instalações e outros tipos de materiais, podem ser apresentados de todas as maneiras e combinações possíveis" (Gandini e Goldhaber 2002, p. 155).

As produções das crianças são uma parte importantíssima da documentação que se quer comunicar, utilizando-se, para tanto, os trabalhos bi e tridimensionais que já foram finalizados ou mesmo que ainda estejam em processo de elaboração. "Esse tipo de documentação deve vir acompanhado pelas interpretações do professor e, quando for possível, pelos diálogos e pensamentos das crianças", recomendam ainda Gandini e Goldhaber (2002, p. 156).

Para documentar, na beleza de capturar e revelar instantâneos que traduzam as cores, as formas e os conteúdos dos processos vivenciados pelas crianças, é preciso que o adulto conserve (ou recupere) "o mesmo senso de maravilha vivido pelas crianças em suas descobertas" (Malaguzzi 1999, p. 98). Para que professoras e professores vejam e ouçam a criança – suas brincadeiras, suas perguntas e descobertas sobre o mundo, suas aprendizagens e expressões que dizem do mundo descoberto e apropriado –, é imprescindível que vejam e ouçam a si mesmos. É fundamental que estejam alimentados por uma estética cotidiana que provoque a imaginação, que mobilize razão e sensibilidade, pensamento e intuição, no convite à criação (Ostetto 2015).

A identidade de uma instituição no conteúdo e na forma de seus registros

Desde que cheguei à Umei Rosalda Paim, propondo a pesquisa e participando de seu cotidiano, notei que o registro fazia parte do projeto político-pedagógico e estava claramente pautado entre as ações que deviam ser garantidas. Essa diretriz para a ação pedagógica podia ser percebida com facilidade: o convite para que as professoras registrassem era evidenciado, por exemplo, nos cadernos de registro presentes em todas as salas para anotações das duplas de docentes que atuam com os diferentes grupos de crianças, e também no bloco de notas disponibilizado pela equipe de articulação pedagógica a todas as professoras; nas salas dos grupos havia os "blocões", nos quais professoras e crianças registravam acontecimentos e descobertas vivenciados dia a dia, construindo memória. Por outro lado, nas reuniões pedagógicas a discussão sobre as formas de observar e escrever o cotidiano vivido com as crianças estava presente.

Em uma dessas reuniões que acompanhei, um ponto de pauta foi a discussão sobre a função dos murais e sua organização. Os pontos discutidos traduziam a importância de um mural como documentação, na medida em que poderia ser utilizado para compartilhar, mostrar, comunicar o que já foi realizado, ou informar o que vai ser feito (Ostetto 2015).

Em outra reunião, de avaliação e planejamento, o tema foi retomado, como indica a narrativa da bolsista de iniciação científica que participou do projeto:

> Na reunião do Conselho de Avaliação e Planejamento do Ciclo Infantil (Capci), ocorrido em dezembro de 2015, a pedagoga destacou o papel fundamental do caderno de registros, que pode comportar uma escrita que relata o dia, de maneira descritiva, ou uma escrita reflexiva, que possibilita pensar no erro, em novas estratégias e nas mudanças de caminho que vão acontecendo e que estão para além da idealização do planejamento – que se torna flexível quando a criança é reconhecida, também, como autora do processo educativo. (Figueiredo 2016, p. 7)

Essas considerações, tecidas com base em testemunhos das pesquisadoras, demonstram a compreensão da importância do registro para a instituição e de suas múltiplas funções: desde a construção da memória, passando pelo apoio ao replanejamento e chegando à comunicação.

Ao longo da pesquisa, procedendo ao levantamento das produções da Umei, a equipe da pesquisa inventariou os diferentes materiais documentais, catalogando os tipos de registros encontrados – vídeos, fotografias, painéis expositivos, blocão (álbum), cadernos de registro, planejamentos (mapas conceituais), produção das crianças que foram guardadas, relatórios individuais e de grupo etc. Também analisou suas finalidades – observação do cotidiano, avaliação da prática pedagógica, subsídios para elaboração de relatório, compartilhamento na sala do grupo, exposição nos corredores da instituição, socialização com pais e comunidade, sistematização de um projeto etc. Nos limites do presente capítulo, falarei de algumas documentações localizadas: blocão, mapa conceitual, relatórios, fotografias, murais.

Blocão

Compondo uma particular forma de registro praticada pelas professoras da Umei Rosalda Paim, o blocão é uma espécie de álbum formado por folhas de cartolina A3, no qual vão sendo anotadas as histórias, descobertas e experiências vivenciadas pelos grupos. Nele também podem ser fixadas fotografias e outras produções das crianças, como desenhos e pinturas, representativas dos projetos desenvolvidos.

Com características de um grande caderno, por vezes é pendurado na parede, feito um quadro, ao qual as crianças facilmente podem recorrer para olhar ou consultar o conteúdo registrado. O blocão, todavia, não é um portfólio, que só ao final de um período letivo é organizado. Sua principal característica é justamente a cotidianidade: ele vai sendo composto no decorrer dos dias, em diferentes momentos, ao longo do ano.

> A proposta de blocão partiu da pedagoga da instituição, que inclusive atribuiu a nomenclatura à inspiração nas ideias de outros educadores – como Freinet, educador francês do começo do século

> XX, idealizador do Livro da Vida, e também Madalena Freire, no Brasil – e foi sugerida para as duplas de professoras no ano de 2015; foi entregue a elas um bloco de cartolina, tamanho A3, semelhante a um grande caderno, o qual tiveram liberdade para usar com as crianças de diferentes maneiras. (Figueiredo 2016, p. 6)

Analisando alguns blocões, nota-se que são constituídos com a identidade de cada grupo; nenhum é igual ao outro, uma vez que o vivido e as histórias do vivido também são diversos. Nas páginas do grande caderno podem-se encontrar: fotografias de diversos momentos e situações compartilhadas, desenhos e pinturas das crianças, textos criados pelas crianças e transcritos pela professora (a depender do grupo, há textos escritos também pelas crianças), anotações de hipóteses para pesquisa, falas e comentários das crianças, combinados e acordos do grupo, relatos de experiência, entre outros elementos. Cada qual está impregnado de uma estética própria no seu interior e sobretudo na capa, que é um elemento de destaque do blocão – a capa geralmente é providenciada quando as folhas foram todas preenchidas, ao final de um período, como acabamento e arremate do blocão. Há grupos que produzem até dois blocões no ano.

Essa forma de documentação lembra, verdadeiramente, o "Livro da vida" – um caderno com o registro dos acontecimentos do dia –, confeccionado em parceria entre professor e crianças e que foi idealizado por Célestin Freinet (1896-1966). Tratava-se de

> um grande caderno onde eram anotados os fatos mais interessantes acontecidos no dia-a-dia (...). Nele ficavam gravados os momentos mais vivos e as anotações podiam ser feitas por quem quisesse (...). As crianças ilustravam-no com desenhos, colavam folhas impressas, coloriam... era uma festa! Também discutiam sobre o que era mais importante escrever e, assim, seguiam colecionando páginas de vida. (Sampaio 2002, pp. 23-24)

Segundo a estudiosa da pedagogia e das técnicas Freinet, o "Livro da vida" constitui-se como um "documento vivo que pode e deve ser lido por todos os que estão diretamente ligados às crianças: pais, amigos, colegas e visitas" (Sampaio 2002, p. 24). O blocão cumpre também essa importante função de uma documentação, que é a comunicação. Em alguns grupos, o blocão podia ser levado para casa, para os pais e familiares olharem e até escreverem comentários, ou bilhetes, para o grupo. Era um meio de levar a educação infantil para casa, um veículo de diálogo e troca com os pais.

Mapa conceitual

Parte de um conjunto de orientações que sustentam a prática pedagógica da Umei, os mapas conceituais configuram caminhos e possibilidades para a proposição de experiências, considerando um tema inspirador geral, definido a cada ano para o coletivo da instituição. Um mapa conceitual, segundo identifiquei nos princípios delineados e nas práticas observadas, pode ser compreendido como ponto de partida para o planejamento, e sua estruturação pauta-se na ideia de que os conhecimentos se desenvolvem em rede e devem contemplar o interesse e a participação ativa das crianças.

> A pedagoga, em uma das reuniões com as professoras, salientou que o mapa conceitual possibilita a abertura para ver e articular as múltiplas linguagens na Educação Infantil, enquanto tópico abordado no âmbito legal, nas Diretrizes Curriculares Nacionais. Sabemos, disse ela, que as crianças não aprendem somente pela linguagem oral e pela linguagem escrita. O mundo não se finda em tais linguagens. No cotidiano lidamos com as linguagens matemática, artística, científica, dentre outras. (Figueiredo 2016, p. 10)

Assim, o mapeamento de ações, temas, conteúdos, atividades, possibilidades que se espalham e se articulam em rede ofereceria uma visão ampliada do trabalho pretendido. Conectando os projetos específicos de cada grupo ao tema inspirador que diz respeito ao coletivo, o mapa conceitual buscaria garantir a unidade e a identidade do trabalho pedagógico da Umei, preservando a diversidade.

Pode ser visto, também, como registro e documentação que orienta o percurso e ao mesmo tempo historiciza as escolhas que dão base a um determinado projeto desenvolvido. Pelas análises realizadas, a flexibilidade é característica do processo de elaboração desse mapeamento e do seu encaminhamento. As crianças, com vez e voz ativas, confirmam ou redefinem, no dia a dia, as linhas traçadas no mapa conceitual, entrelaçando desejos e interesses que não se esgotam na rede inicialmente mapeada. Há sempre outro caminho a ser explorado, outra história a ser ouvida, outra atividade a ser construída, outra brincadeira a disparar relações e conhecimentos outros.

Os mapas, em sua maioria, apresentam estrutura similar, embora tenham suas particularidades com relação à utilização de cores, formas e pontos de articulação na trama do seu desenho. Entretanto, no que se refere ao conteúdo, as diferenças são consideráveis.

O mapa conceitual traduz uma maneira de pensar e organizar o projeto pedagógico, traçar caminhos, planejar. Identifico, na prática e no exercício de criação dos mapas conceituais na Umei Rosalda Paim, a busca do coletivo por superar a tendência histórica na educação infantil e planejar a "hora da atividade", rompendo com a fragmentação da ação pedagógica, integrando redes de interesses em diálogo com as crianças. Os documentos-mapas que foram encontrados no processo da pesquisa indicam esse caminho, que vai sendo trilhado e ampliado na reflexão coletiva, à medida que o caminho se faz.

Será a forma mais adequada para o planejamento da prática pedagógica na educação infantil? Essa não é, certamente, uma pergunta relevante, quando se testemunha o movimento de um grupo de profissionais de diferentes setores (docência, gestão, pedagogia) que está com os olhos voltados para as crianças, desejando reconhecê-las, aprendendo a reparar em suas linguagens e formas de se relacionar com o mundo ao redor, e de expressar seus saberes e descobertas. Carla Rinaldi, quando fala sobre a maneira de as escolas de Reggio Emilia pensarem, projetarem e fazerem o trabalho educativo, pondera:

> A instituição escolar, na verdade, pode desempenhar um papel especial de produção cultural e de real experimentação sociopolítica na medida em que este momento (de *progettazione*) e este lugar (a escola) sejam vividos não como espaços e tempos para reproduzir e transmitir saberes, mas, antes de tudo, como espaços de criatividade. (Rinaldi 2011, p. 114)

A pedagogista italiana reafirma o espaço escolar como espaço de criatividade, de produção cultural, e, nessa direção, ajuda-nos a ampliar a reflexão sobre a dinâmica de pensar a ação educativa e os processos que fecundam a realização de uma proposta pedagógica. Pois, guardadas as devidas especificidades de contexto, quando recorre à elaboração de mapas conceituais para direcionar os modos de planejar, a Umei Rosalda Paim está claramente traçando e vivenciando um processo criativo. Revela que está buscando alternativas para superar a tradicional fragmentação que tem marcado concepções e práticas de planejamento na educação infantil. Tomando nas mãos essa tarefa, que é coletiva, seus profissionais estão experimentando, criando, fazendo com autoria.

Relatórios

Os relatórios (de cada criança e do grupo), elaborados semestralmente, nascem da observação diária registrada nos cadernos da dupla de professoras, blocos de notas e blocões, culminando em uma narrativa que pretende revelar processos de desenvolvimento e aprendizagem das crianças em grupo, contando também a respeito do trabalho planejado e desenvolvido pelas professoras e da proposta da escola.

Por meio da elaboração dos relatórios semestrais (individuais e de grupo), as professoras, e a Umei de modo geral, atendem também ao dispositivo legal que orienta a avaliação das crianças e do trabalho desenvolvido:

> Art. 10. As instituições de Educação Infantil devem criar procedimentos para acompanhamento do trabalho pedagógico e para

> avaliação do desenvolvimento das crianças, sem objetivo de seleção, promoção ou classificação, garantindo:
> (...) IV – documentação específica que permita às famílias conhecer o trabalho da instituição junto às crianças e os processos de desenvolvimento e aprendizagem da criança na Educação Infantil; (...). (Brasil 2009, pp. 4-5)

Para contribuir com a elaboração dos relatórios, a equipe de articulação pedagógica produziu um texto com algumas reflexões, referências e orientações, que foi discutido com as professoras, em reunião de planejamento especialmente pautada para esse debate. No referido texto, convertido em documentação do processo, localizamos problematizações e encaminhamentos práticos: o que colocar no relatório? Algumas orientações dão base para a reflexão e a escrita docentes. O trecho a seguir foi extraído daquele documento:

> O que colocar no relatório? Fiquem atentas:
>
> - Às situações cotidianas: descrever o comportamento da criança, contextualizando-o e não qualificando-o.
> - Contextualizar também as aprendizagens. Aprendizagens são construídas num contexto vivido, mediado por outros profissionais, outras crianças, outros espaços...
> - Descrever características relevantes do desenvolvimento da criança, a partir das interações, brincadeiras e mediações.
> - Organizar seu texto com coesão e coerência, agregando itens que se afinam, evitando a repetição de informações.
>
> "O exercício da escrita nos obriga o exercício de ações – operações mentais e intelectuais de classificação, ordenação e análise –, nos obriga a objetivar e sintetizar: trabalhar a construção da estrutura do texto, a construção do pensamento" – Madalena Freire. (Umei Rosalda Paim 2015)

Percebe-se, nas orientações escritas, a preocupação em olhar e falar das crianças em suas potencialidades, as crianças reais e concretas que vivem um determinado contexto, um espaço de relações. Quando indicam a importância de contextualizar o comportamento das crianças e não o qualificar, reforçam a ideia de que elas precisam ser vistas em sua identidade, cada qual com sua singularidade: não é possível qualificar (com expressões do tipo "essa faz", "aquela não faz", por exemplo) tomando como base para essa qualificação (que melhor seria dizer valoração) critérios universais, que valeriam para todas.

Recorrendo à análise que o grupo já vinha fazendo dos relatórios produzidos, discutindo em reuniões pedagógicas, e também lendo alguns relatórios a que tive acesso, percebo que as narrativas ganham formas variadas, sendo organizadas em tópicos descritivos (títulos dos projetos e meses em que foram desenvolvidos, assuntos e temas de interesse das crianças e trabalhados, descrição das atividades por semana etc.), ou textos corridos, com descrições e comentários de alguns aspectos, com análises sobre o vivido integrando essas descrições; alguns se revelam em tons poéticos, com a alegria e a aventura de conviver com as crianças sendo evidenciadas na forma mesma do relatório. Fotografias que reforçam os fatos descritos e/ou analisados também estão presentes.

Alguns relatórios trazem transcrições das falas das crianças, descrevendo situações do cotidiano, e apontam as impressões das professoras em contextos específicos, de modo que a ação de escrever ganha vida, sentimentos, emoções e identidade.

Fotografias

Como discutido anteriormente, conceitualmente os múltiplos registros na educação infantil se materializam em anotações, fotografias, pequenas filmagens, gravações de áudio, dentre outros recursos, compondo a documentação pedagógica, compreendida como observação, narrativa, memória e ao mesmo tempo conteúdo para investigação sobre a prática pedagógica e a ampliação do conhecimento sobre as crianças, ao longo de um processo.

Na Umei, os registros fotográficos apresentam-se como um dos recursos mais utilizados. Foram contabilizadas 4.027 fotografias nos arquivos consultados no período. Para melhor visualização e compreensão, é apresentada a Tabela 1, pela qual se demonstra como elas foram organizadas pela equipe de articulação pedagógica e pelas professoras.

TABELA 1 – LEVANTAMENTO DE FOTOGRAFIAS NOS ARQUIVOS DA UMEI NO ANO DE 2015.

TÍTULO DA PASTA	QUANTIDADE DE FOTOGRAFIAS
Banda	11
Carnaval 2015	175
Convites	25
Formação continuada Visita à Casa da descoberta Primeira reunião de pesquisa-formação com L. Ostetto	112
Fotos para relatórios	110
Fotos reunião Grei* 5	165
Grei 2A	2.012
Grei 2B	622
Grei 3A	63
Grei 3B	44
Grei 4A	132
Grei 4B	82
Grei 5A	414
Organização espacial	65
Registro e avaliação na educação infantil	20
TOTAL	4.052

* Grupo de Referência da Educação Infantil. Fonte: Figueiredo (2016).

Como explicitado na discussão sobre a metodologia da pesquisa, no levantamento e na produção dos dados não interessava observar se as professoras praticavam ou não o exercício do registro nos parâmetros da documentação pedagógica, conceitualmente apresentada pelos estudos e por outras experiências de referência. Considerando os princípios da própria documentação, interessava observar, registrar e interpretar os dados em diálogo com as educadoras: quando, como, por que as fotografias foram feitas? Elas se caracterizam pela captação de algumas faces do processo/do cotidiano ou estão sendo acumuladas na intencionalidade de um produto final? Alguns tópicos para guiar a análise foram estabelecidos: qual o conteúdo da imagem? São fotos posadas ou espontâneas? Com qual finalidade foram tiradas? O que se pode ler/ver, através da imagem, sobre as crianças e sobre a prática pedagógica? O que é possível interpretar?

Loris Malaguzzi, ao tratar da dimensão visual da documentação pedagógica, sugeria que, além de perceberem os fatos e as situações registrados na fotografia, os educadores prestassem atenção

> aos rostos, aos olhos, à boca, aos gestos, às posturas e aos sinais apenas esboçados das crianças, que são as grandes "sentinelas" dos sentimentos e das tensões que as animam interiormente, e que qualificam – o modo mais natural – seus níveis de participação, de esforço, de prazer, de desejo e de espera emergentes nas experiências do ato de aprender. (*Apud* Hoyuelos 2006, p. 200)

No âmbito da pesquisa que desenvolvemos, por meio do exercício de análise de algumas fotografias que as professoras trouxeram para os encontros de pesquisa-formação, a visão sobre o vivido pelas crianças, as relações e as ações envolvidas naquele cotidiano registrado se ampliava. Ficavam evidentes, nos destaques e no diálogo entre o grupo, detalhes não percebidos durante a realização dos registros fotográficos e na primeira olhada. O modo como as professoras que fizeram as fotografias viam algumas crianças foi sensivelmente questionado e em certa medida modificado com base nas análises e nos comentários de suas colegas. A experiência demonstrou o potencial narrativo de imagens fotográficas, ainda que também tenha revelado que a prática de se debruçar sobre as fotografias do cotidiano para (re)ver as crianças, suas expressões, conforme sugerido pelo pedagogo italiano, ainda é um exercício a ser ampliado e incorporado.

É importante percebermos, no ato de uma professora fazer uma foto, a preocupação explícita com a memória, com a história. Quem fotografa capta no instantâneo uma cena específica, num tempo e num espaço determinados por seu olhar; escolhe um ponto de vista específico, tem um objetivo. Todavia, depois de realizada, a foto se abre a diferentes leituras da realidade capturada, possibilita múltiplas interpretações, de acordo, agora, com aquele que vê o conteúdo retratado. Não se limita aos olhos nem à perspectiva de quem fez a foto; permite a construção de outras histórias, tecidas pelo olhar e pela subjetividade de quem tiver contato com ela. Como discute Alfredo Hoyuelos (2006, p. 199):

> A máquina fotográfica oferece uma nova competência e habilidade profissional aos educadores. É uma forma de testemunhar e de contar acontecimentos extraordinários – a outros colegas e às famílias – que a memória poderia apagar. A documentação fotográfica torna públicos os processos observados e registrados, por isso possibilita o confronto e o intercâmbio.

No conjunto de fotografias catalogadas na Umei Rosalda Paim, as crianças aparecem em retratos posados e espontâneos. Exibindo meninos, meninas e suas professoras de maneira bonita e sensível, essas fotografias transmitem àquele que as olha detalhes do trabalho realizado e, como testemunhos visuais, oferecem provas da complexa e multidimensional organização do cotidiano educativo. Pelas fotografias se estabelece um diálogo com o vivido: as crianças são vistas e revistas em variados momentos do cotidiano, em interações, brincadeiras e atividades de experimentações e exploração de múltiplas linguagens e materialidades.

Ao registrarem fotograficamente, os professores, como observadores-participantes de um grupo, compartilham com outras pessoas suas visões e concepções sobre os modos próprios de ser criança. Na Umei, algumas fotografias são expostas em painéis, pelos seus corredores e paredes, podem ser anexadas nos relatórios de grupo elaborados semestralmente e, por vezes, são reunidas em um "CD dos melhores momentos" de cada grupo, para ser entregue às famílias ao final do ano letivo.

Os pais que não acompanham a integralidade do cotidiano educativo, da rotina de seu filho na Umei, ao olharem fotos que traduzem atividades, cenas, espaços e tempos de envolvimento das crianças, podem se aproximar e entender um pouco o que estava acontecendo nas cenas registradas, que revelam crianças em grupo ou individualmente, vivendo o momento, interagindo, brincando, criando. As fotografias, em painéis, álbuns digitais ou impressos, são narrativas em imagens que dinamizam o diálogo com os pais, fortalecendo os canais de comunicação. E essa é uma função preponderante da documentação.

Os murais

A organização dos painéis que observamos ao andar pelos diversos espaços, corredores e salas da Umei Rosalda Paim transmite mensagens sobre o projeto pedagógico da instituição, declara a ideia de criança que fundamenta sua prática. Nos registros que compõem a organização dos murais, identifica-se a valorização das produções das crianças. Basta entrar e olhar ao redor as marcas das crianças, clara e belamente informadas. A busca de comunicação com os pais também fica evidente.

A intencionalidade na montagem dos murais em exposição evidencia-se no tipo de suporte e na forma adotada: tecidos, papelão, plástico transparente que admite a sobreposição de outros tantos materiais sem danificar a pintura da parede. Na composição dos painéis não se vê, por exemplo, E.V.A. (emborrachados), material tão comum nas instituições de educação infantil (e tão frio, e tão pobre!).

Os aspectos destacados seriam apenas detalhes, simples e corriqueira decoração? Não, é claro que não se trata apenas de um enfeite sem maiores implicações. Os espaços, com tudo o que lhes constitui ou não, inclusive na presença e na forma de organização dos murais, contam histórias, falam de princípios, concepções e objetivos daqueles que os estruturaram.

Os espaços não são simples arranjos físicos; são também arranjos conceituais e simbólicos; constituem-se em campos semânticos nos quais e com os quais aqueles que os habitam estabelecem determinados tipos de relações, emoções, atitudes. Como qualquer outra linguagem, o espaço é um elemento constitutivo do pensamento e, portanto, converte-se em ação pedagógica indireta, requerendo atenção. Dessa forma, os materiais utilizados e as imagens pregadas nas paredes de creches e pré-escolas não são neutros; portam um discurso, contam histórias e, tal qual um texto visual, denotam leituras e modulam os modos de ver (Cunha 2005).

O espaço congrega uma linguagem muito potente, pois atua sobre todos os sentidos de seus usuários, objetiva e subjetivamente. Visão, audição, tato, olfato e até paladar são condicionados por uma dada configuração espacial (Hoyuelos 2006). Nesse sentido, as chamadas decorações dos espaços educativos são, na verdade, repertórios visuais, estéticos, e revelam preferências e concepções atuando, por sua vez, na formação do gosto. Os murais e painéis expositivos, como documentação pedagógica, dão mostras flagrantes da estética praticada em um projeto pedagógico, ampliando ou restringido as experiências sensíveis, e, portanto, estéticas, de crianças e adultos que fazem parte de uma instituição de educação. No caso dos painéis da Umei Rosalda Paim, o toque do feito à mão – artesanal, criativo, bonito, autoral – é visivelmente ressaltado, é marca da instituição, revela sua identidade, sua estética.

Nesses painéis-murais, além das imagens, fotos ou produções originais das crianças, há sempre um título e um pequeno quadro explicativo, narrando o processo do que está sendo visto. Nota-se, pois, a preocupação com os interlocutores, as famílias potencialmente, oferecendo informações que situam aqueles fazeres das crianças e revelam a proposta educacional, conferindo-lhes maior significado – não de uma atividade isolada, mas de produções integradas a uma sequência de vivências protagonizadas pelo grupo.

Retrato e comunicação da proposta pedagógica: Os murais além da decoração

Familiares das crianças observando o painel exposto no pátio coberto da Umei Rosalda Paim (2016).

> *Compartilhar a documentação representa participar de um verdadeiro ato de democracia, dando suporte à visibilidade e à cultura da infância, tanto dentro quanto fora da escola: participação democrática, ou "democracia participante", que é resultado da troca e da visibilidade.*
>
> Carla Rinaldi (2012, p. 113)

A documentação oportuniza aos pais e familiares o acompanhamento dos processos vividos por seus filhos na instituição de educação infantil. Por meio de relatórios, fotografias, painéis com as produções das crianças, materiais organizados e disponibilizados à apreciação e ao conhecimento das famílias, professoras e equipe gestora-pedagógica alimentam um canal frutífero de relações, ampliando afetos no compromisso partilhado de educar e de cuidar de crianças no coletivo.

O painel expositivo, o mural, tão comum em creches e pré-escolas, é um importante tipo de documentação por seu apelo visual. Basta colocar os pés na porta, dirigir o olhar para suas paredes e já começamos a ler as mensagens que um determinado espaço carrega. Quando os arranjos visuais são fortes, chamam e convidam a uma parada, à observação, à interação com o conteúdo exposto.

As paredes, nas cores e nas formas que comportam, podem expressar acolhimento, calor, gentileza e identidade, ou hostilidade, frieza, indiferença, deixando à margem a identidade daqueles que habitam o lugar. Segundo Gianella (2015, p. 67), percebemos a *anima* de uma escola também nas formas de ocupação do espaço, mas temos visto escolas desalmadas, cuja arquitetura remete "à natureza das prisões ou hospitais, (...) um lugar de vigilância para os atos e os tempos de permanência". Um lugar vazio, no qual não pulsa a vida.

Nas paredes de escolas, pré-escolas e creches estão registros, concepções, objetivos de quem as ocupou. Nelas podemos ver as crianças, seus processos, seus movimentos e criatividade potencializados nos murais que amplificam as vivências e marcam o vivido, ou, ao contrário, ver apenas o adulto e suas marcas ocupando um lugar que não deixa espaço para as múltiplas linguagens da infância, para a "cultura da infância submersa", usando as palavras de Vea Vecchi (2005, p. 46).

Um ambiente educativo é vitalizado com as produções das crianças que contam as histórias compartilhadas no cotidiano. Os murais, em suas qualidades estéticas, alimentam com cores, texturas e formas o olhar daquele que os contempla. Transportam-no, quiçá, para suas próprias histórias, para o encantamento do belo, para a novidade da infância. Possibilidades e potencialidades de meninos e meninas são apresentadas, reveladas, traduzidas e, por isso, permitem aos pais olharem seus filhos de outro ponto de vista.

Falando do papel da documentação com relação às famílias, observa Carla Rinaldi (2012, p. 113):

> A documentação proporciona aos pais uma extraordinária oportunidade, pois lhes dá a possibilidade de saber não só o que seu filho está fazendo, mas também como e por quê (...). É um ensejo para que os pais vejam aspectos desconhecidos de seu filho, vejam, em certo sentido, a criança "invisível" que raramente conseguem enxergar.

Os murais lançam pontes de diálogos com as diferentes pessoas que circulam pelo espaço da educação infantil; são canais privilegiados de comunicação com os pais e a comunidade. A Umei Rosalda Paim manifesta claramente essa compreensão, seja na própria organização de seus painéis expositivos, seja pela discussão mantida com o coletivo de profissionais a respeito desse importante veículo de compartilhamento com as famílias, atentando para a clareza dos objetivos quanto ao que se deseja expor. Com relação a esse aspecto, acompanhei durante a pesquisa um significativo processo de reflexão e construção de um caminho coletivo que ampliava a compreensão dos objetivos de um mural e apoiava a efetivação de novas práticas com a construção de orientações. Em uma reunião de planejamento de que participei, foi discutido que, para a composição dos murais, seria importante que os trabalhos expostos tivessem um título e um pequeno texto informativo, explicando sobre a atividade que dera origem àquela produção, apresentando o contexto da produção e/ou do trabalho das crianças que estivessem sendo compartilhados; não seria necessário apresentar atividades de todas as crianças ao mesmo tempo; contudo, seria fundamental selecionar o que se considerasse mais significativo entre as atividades projetadas e realizadas num certo período; essencial seria também ter cuidado para que os trabalhos expostos revelassem as crianças, sua autoria; e que fossem expostos com organização e beleza (Ostetto 2015).

Os murais expõem relações, concepções, vida tramada e compartilhada em narrativas visuais. Carregam em si uma dimensão estética potente. E as orientações da Umei Rosalda Paim, testemunhadas no processo da pesquisa, indicaram a necessidade de que os murais fossem constituídos com beleza; ou seja, declararam explicitamente a dimensão estética como um valor pedagógico – atitude de cuidado que direciona as escolhas, que se importa com a mensagem em sua forma e em seu conteúdo, que respeita, que se envolve, pois não está dissociada de uma dimensão ética. Estética que pode ser compreendida como

> uma atitude cotidiana, uma relação empática e sensível com o entorno, um *fio* que conecta e ata as coisas entre si, um ar que nos

> leva a preferir um gesto a outro, a selecionar um objeto, a escolher uma cor, um pensamento; escolhas nas quais se percebem harmonia, cuidado, prazer para a mente e para os sentidos. A dimensão estética pressupõe um olhar que descobre, que admira, que se emociona. É o contrário da indiferença, da negligência e do conformismo. (Vecchi 2006, pp. 15-16)

A atelierista italiana também diz, reportando-se ao biólogo e antropólogo Gregory Bateson, que "o estético é uma estrutura que conecta" (*ibidem*, p. 17). É muito significativa e oportuna essa citação, que nos leva a pensar na conexão entre as coisas, o ser afetando o mundo e sendo afetado pelo mundo – estesia –, que é o contrário do afastamento, da indiferença com as coisas ao redor – anestesia. Nessa direção, a estética mobiliza todos os nossos sentidos, promovendo relações, provocando contatos, alimentando sensibilidades e fertilizando expressividade.

Continuando sua lúcida e ímpar reflexão a respeito da dimensão estética, a referida autora reforça que a busca de beleza é uma necessidade básica do ser humano.

> Trata-se de uma aspiração à beleza que encontramos em todos os povos e em todas as culturas atuais e passadas: a atenção estética entendida e vivida como um filtro de interpretação do mundo, como atitude ética, uma forma de pensamento que requer atenção, graça, ironia, um enfoque mental que supera a simples aparência das coisas, e mostra aspectos e qualidades inesperadas e impensadas delas. (*Ibidem*)

E a documentação pedagógica também comporta uma dimensão estética, como nos lembra Alfredo Hoyuelos (2006), falando da obra de Loris Malaguzzi: a documentação é uma estratégia ética e estética, reúne critérios de qualidade estética, a qual se deve entender como uma capacidade de entrarmos em ressonância com o mundo a nossa volta, que se revela na nossa própria maneira de conhecer e expressar o conhecimento, incluindo o gosto pelo belo, que é experiência e não um detalhe vazio.

> É a vibração estética que nos impulsiona a dar nomes, nomes a figuras e cores, e a figuras e cores que parecem existir, e a melhorar as construções de nossa sensibilidade interpretativa e criativa, a descobrir os valores e os objetos de prazer que suscitam, em nós e nos outros, um "valor" para seduzir e deixar-nos seduzir. (Malaguzzi, *apud* Hoyuelos 2006, p. 178)

Trazendo essas questões – da beleza, da sensibilidade, dos padrões que nos conectam ou nos afastam do que nos rodeia, da estesia ou da anestesia ao viver o cotidiano – para pensarmos a documentação pedagógica do tipo mural, encontro uma forte e linda imagem no trabalho de Gianella (2015) que fala das paredes e dos corredores da escola como territórios simbólicos, como "peles", "cenografias do conhecimento", que deixam entrever a dimensão estética do cotidiano na sua interioridade.

> Como uma cenografia do conhecimento, os registros dessas interioridades compõem sua superfície, pele receptiva que expira e inspira sensações e percepções diversas, nas imagens, nas escritas, nos ensaios, nos gestos, nos signos que são formas poéticas e políticas de ocupação. (*Ibidem*, p. 80-81)

Sim, a escola pode e deve ser um ambiente estético habitável, traçando e deixando traços no/do vivido. Sua pele, suas paredes, deve expor sentidos e dar espaço para que outros sentidos floresçam, considerando que as "formas de expor potencializam a expressão de suas manifestações" (*ibidem*, p. 93). Na discussão proposta pela autora, a produção de murais é também uma forma de combater o vazio de impressões, a indiferença com o que acontece, com a experiência que se faz no interior da escola; de combater a ausência de poesia no cotidiano. Para ela, um mural não é

> mera decoração de ambiente escolar, [mas é] documentação, genuína expressão de processos subjetivos de conhecimento, que repercutem de modo significativo em múltiplas leituras na comunidade, pela forma reveladora de seus conteúdos latentes e implicados. É por isso que a estética dessa produção, bem como as formas de sua exposição, há de ser discutida e cuidada entre os professores, coordenadores e alunos. Há de ser um objeto de reflexão para a escola. (Gianella 2015, p. 97)

Os educadores de Reggio Emilia utilizam, conforme já apontado ao longo do presente capítulo, uma série de instrumentos para registrar e documentar os percursos de experiências protagonizados por crianças, dos quais se ressalta o emprego de imagens. Tal prática é sustentada também na concepção de que as linguagens visuais ampliam a cultura e a sensibilidade estética. Porém, "para comunicar de modo significativo, as imagens requerem, sobretudo, olhares sensíveis às situações, olhares capazes de captar a substância profunda dos acontecimentos" (Vecchi 2006, p. 23).

A beleza, o cuidado, o bom gosto são elementos que devem compor a documentação pedagógica, pois "é tão importante observar ou investigar sobre os processos de conhecimento da criança como, posteriormente, saber narrá-los" (Hoyuelos 2006, p. 179). É na narração dos acontecimentos que o educador pode construir sentidos ao que a criança manifesta, expressa.

Um mural constitui-se de objetos culturais que falam à comunidade. As cenografias dos painéis expositivos de uma escola expõem a escola, o conteúdo explícito em seu currículo, e "exibem também as invisibilidades: interação, afeto, ocupação, conexão, pertencimento" (Gianella 2015, p. 103).

Final de percurso, começo de outras histórias

Vivendo parte do cotidiano da Umei Rosalda Paim durante o tempo da pesquisa-formação, no encontro com crianças e adultos, não só contemplei como também toquei a pele com a qual a instituição se expunha, se mostrava. A pele com a qual, sobretudo, convidava à aproximação, ao diálogo. Entrei em contato, fui afetada, e, nesse toque, sentidos foram acionados, sensibilidades foram amplificadas, de modo que minha escuta como pesquisadora capturou, para além de dados de pesquisa, certas essencialidades: a busca, a experimentação cotidiana a que se entregam aquelas educadoras – professoras, diretoras, pedagogas –, com o compromisso de fazer educação infantil colocando a criança no centro da proposta pedagógica; testemunhei ações e pensamentos que descrevem percursos de aprendizagens significativas.

Desvelando registros, fui tecendo e constituindo narrativas que dão a conhecer meu olhar sobre o observado, lembrando que, no campo da documentação e da memória, não há a história verdadeira, mas a interpretação possível. Os dados documentais inventariados revelam o protagonismo do coletivo da Umei, adultos e crianças, e atestam a potencialidade da documentação pedagógica, ao permitirem revelar modos próprios de um coletivo planejar e fazer educação infantil, com beleza e afirmando identidade. Narrar é preciso!

Através da narração a escola constrói sua própria história cotidiana e significativa, longe da linguagem técnica oficial. Desvela sua própria biografia e as biografias dos protagonistas que criaram as histórias.
Hoyuelos (2006, p. 182)

Referências bibliográficas

BRASIL (2009). *Diretrizes curriculares nacionais para a educação infantil.* Brasília: MEC/SEB.

CUNHA, S.R.V. da (2005). "Um pouco além das decorações das salas de aula". *Reflexão e Ação*, v. 13, n. 1, jan.-jun. Santa Cruz do Sul, pp. 133-149.

DAHLBERG, G.; MOSS, P. e PENCE, A. (2003). *Qualidade na educação da primeira infância: Perspectivas pós-modernas*. Porto Alegre: Artmed.

EDWARDS, C.; GANDINI, L. e FORMAN, G. (1995). *I cento linguaggi dei bambini: L'approcio di Reggio Emilia all'educazione dell'infanzia*. Bérgamo: Junior.

_______ (1999). *As cem linguagens da criança: A abordagem de Reggio Emilia na educação da primeira infância*. Porto Alegre: Artmed.

FIGUEIREDO, I.C. (2016). "Relatório bolsista Pibic". Niterói: FE-UFF.

FORTUNATI, A. (2003). "Processi in relazione". *In*: TOGNETTI, G. (org.). *Creare esperienze insieme ai bambini: La documentazione delle esperienze dei bambini nel nido*. Azzano San Paolo: Junior.

_______ (2009). *A educação infantil como processo da comunidade: A experiência de San Miniato*. Porto Alegre: Artmed.

FREIRE, M. (1983). *A paixão de conhecer o mundo*. Rio de Janeiro: Paz e Terra.

_______ (1996). *Observação, registro, reflexão: Instrumentos metodológicos I*. 2ª ed. São Paulo: Espaço Pedagógico.

GANDINI, L. e GOLDHABER, J. (2002). "Duas reflexões sobre documentação". *In*: GANDINI, L. e EDWARDS, C. (orgs.). *Bambini: A abordagem italiana à educação infantil*. Porto Alegre: Artmed, pp. 150-169.

GIANELLA, E.M.B. (2015). "Cenografia do conhecimento: A dimensão estética da escola". Tese de doutorado. Campinas: Faculdade de Educação da Unicamp.

HOYUELOS, A. (2006). *La estética en el pensamiento y obra pedagógica de Loris Malaguzzi*. Barcelona: Octaedro/Rosa Sensat.

MAGALHÃES, L. e MARINCEK, V. (1995). "Instrumentos de registro da reflexão do professor". *In*: CAVALCANTI, Z. (coord.). *A história de uma classe*. Porto Alegre: Artes Médicas.

MALAGUZZI, L. (1999). "História, ideias e filosofia básica". *In*: EDWARDS, C.; GANDINI, L. e FORMAN, G. *As cem linguagens da criança: A abordagem de Reggio Emilia na educação da primeira infância*. Porto Alegre: Artmed, pp. 59-104.

OSTETTO, L.E. (2008). "Observação, registro, documentação: Nomear e significar as experiências". *In*: OSTETTO, L.E. (org.). *Educação infantil: Saberes e fazeres da formação de professores*. Campinas: Papirus, pp. 13-32.

_______ (2014). "A dimensão estética da documentação pedagógica: Poéticas do processo". Projeto de pesquisa. Niterói: UFF.

______ (2015). "A prática do registro na educação infantil: Narrativa, memória, autoria". *Revista @mbienteeducação*, v. 9, n. 2, jul.-dez. São Paulo: Universidade Cidade de São Paulo, pp. 202-213.

OSTETTO, L.E.; OLIVEIRA, E.R. e MESSINA, V. da S. (2001). *Deixando marcas... A prática do registro no cotidiano da educação infantil*. Florianópolis: Cidade Futura.

PAGNI, B. (2011). "L'osservazione e la documentazione come strumenti per valorizzare l'esperienza dei bambini". *In*: TOGNETTI, G. *et al.* (orgs.). *A partire dalle relazioni: Accogliere e valorizzare le esperienze dei bambini al nido*. Azzano San Paolo: Junior, pp. 39-43.

RAUCH, A. (2005). "L'immaginario bambino". *In*: MAZZOLI, F. (org.). *Documentare per documentare. Quaderno 7*. Bolonha, pp. 52-61.

RINALDI, C. (2011). "L'ambiente dell'infanzia". *In*: CEPPI, G. e ZINI, M. (orgs.). *Bambini, spazi, relazione*. Reggio Emilia: Reggio Children, pp. 114-120.

______ (2012). *Diálogos com Reggio Emilia: Escutar, investigar e aprender*. São Paulo: Paz e Terra.

SAMPAIO, R.M.W. (2002). *Freinet: Evolução histórica e atualidades*. São Paulo: Scipione.

SOUTO-MAIOR, S. *et al.* (1997). "Três cabeças que não se entendem passam fome de tanto pensar... Reflexões sobre planejamento, registro e avaliação". Projeto de estágio do curso de Pedagogia – Educação infantil. Florianópolis: UFSC.

UMEI ROSALDA PAIM (2015). "Orientações para a elaboração de relatório (Documento interno)". Niterói. (Digitado)

VECCHI, V. (2005). "Le porte tra gli alberi". *In*: MAZZOLI, F. (org.). *Documentare per documentare. Quaderno 7*. Bolonha, pp. 45-51.

______ (2006). "Prólogo: Estética y aprendizaje". *In*: HOYUELOS, A. *La estética en el pensamiento y obra pedagógica de Loris Malaguzzi*. Barcelona: Octaedro/Rosa Sensat, pp. 15-25.

WARSCHAUER, C. (1993). *A roda e o registro: Uma parceria entre professor, alunos e conhecimento*. Rio de Janeiro: Paz e Terra.

2
A CRIANÇA COMO CENTRO DA AÇÃO GESTORA: DESAFIOS NA EDUCAÇÃO INFANTIL

Leda Marina
Célia Claudia Wolf

Felizmente d. Maria encerrava uma alma infantil. O mundo dela era o nosso mundo (...). Tinha dúvidas numerosas, admitia a cooperação dos alunos, e cavaqueiras democráticas animavam a sala.
Graciliano Ramos (2006, p. 123)

Este capítulo, que pretende contar um pouco da história da Unidade Municipal de Educação Infantil (Umei) Rosalda Paim, instituição pública, de horário integral, situada na cidade de Niterói, nasce do desejo de compartilharmos os desafios e as possibilidades que a equipe gestora,[1] que também se compreende como pedagógica, tem vivido ao longo do seu trabalho. Não podemos nos furtar de lembrar que o trabalho é fruto

1. A equipe gestora da unidade é composta pela diretora-geral, pela diretora-adjunta e pelas duas pedagogas da unidade. É preciso esclarecer que a escola conta com duas pedagogas pelo fato de ambas terem carga horária reduzida.

de um determinado ponto de vista, e que, por meio do diálogo com outros sujeitos, novas perspectivas podem se abrir. O recorte que fazemos marca o início das atividades na unidade e o primeiro triênio de trabalho da equipe gestora e pedagógica (2013-2016).

A Umei Rosalda Paim[2] foi criada no contexto de uma política municipal de ampliação da rede de escolas de educação infantil, instaurada em Niterói no ano de 2013. Fundada a partir de uma creche comunitária já existente, continuou atendendo crianças de 2 a 5 anos, mas, na medida em que passou a fazer parte da rede municipal, sofreu uma reorganização pedagógica e administrativa.

Dentre as modificações mais visíveis está a ampla reforma física realizada no prédio de dois andares que abrigava a antiga creche comunitária, composto por oito salas de aula. Todo revestimento e piso foram refeitos; as oito salas de aula, o refeitório, a sala da direção, a secretaria e a coordenação pedagógica receberam climatização; também nas salas de aula as janelas foram ampliadas e sua altura foi modificada, a fim de permitir que as crianças pudessem olhar para fora; foi criada uma pequena sala de recursos para atender crianças com necessidades educativas especiais; os banheiros foram reformulados e ganharam sanitários e pias de tamanho compatível com a faixa etária atendida; a cozinha e a despensa foram ampliadas; e o pequeno pátio coberto ganhou grama sintética, além de novos brinquedos, passando a oferecer um espaço mais acolhedor e propício a interações e brincadeiras. A quadra comunitária, anexa à escola, também foi reformada e continuou atendendo as crianças frequentadoras da Umei Rosalda Paim. Um novo mobiliário e acervo pedagógico foram enviados para a unidade, contribuindo para a composição de um ambiente adequado à idade das crianças, favorecendo sua autonomia e potencializando modos de ser e estar no coletivo educativo.

---

2. No município de Niterói, as Unidades Municipais de Educação Infantil (Umeis) atendem crianças de 0 a 5 anos, em horário integral. Nas unidades de horário parcial são atendidas apenas as crianças de 3 a 5 anos.

No que diz respeito às mudanças pedagógicas, um aspecto a ser destacado é o fato de cada Grupo de Referência da Educação Infantil (Grei)[3] ter agora um número de crianças determinado por legislação municipal. Além disso, cada grupo passou a ser assumido por dois professores formados, e a coordenação pedagógica passou a ser realizada por um pedagogo concursado. A direção da escola também foi assumida por duas professoras concursadas que já atuavam na rede de Niterói havia cerca de duas décadas.

De modo geral, o quadro de funcionários conta com 16 professores regentes, atendendo oito Greis; uma professora articuladora; uma professora de apoio especializado para crianças com necessidades educacionais especiais; uma coordenadora de turno; uma auxiliar administrativa; um porteiro; duas professoras readaptadas – apoiando as atividades de secretaria; duas pedagogas; uma diretora-geral e outra adjunta, além da equipe de merendeiras e serviços gerais.

Construir um projeto pedagógico: Desafios e caminhos

Um dos primeiros desafios vividos pela equipe gestora e pedagógica foi construir um vínculo com a comunidade que já reconhecia o espaço escolar, porém com outras características. Outro desafio que se impôs foi iniciar um projeto pedagógico com profissionais recém-concursados ou mesmo contratados, reconhecendo as crianças que já faziam parte desse contexto. Tanto os responsáveis quanto os professores que assumiram os grupos de referência indagavam: qual a diferença de uma creche comunitária para uma unidade municipal de educação infantil? Que conteúdos curriculares serão privilegiados? Como dois professores dividirão o trabalho em sala? Essas e outras questões foram surgindo à medida que o trabalho foi sendo construído. Além disso, a

3. Chamamos de Grupos de Referência da Educação Infantil (Greis) os agrupamentos ou turmas de crianças, que são divididas por faixa etária segundo legislação de matrícula da rede municipal de Niterói.

construção de um grupo tornou-se imperativo, pois só assim imaginamos um trabalho coletivo. Este nos parecia e ainda nos parece ser um grande desafio: construir um grupo partindo de saberes e experiências diferentes e considerando que é nesse rico exercício de diferenciação que se constrói paulatinamente uma identidade. Madalena Freire nos ajuda a pensar sobre esse processo apontando que as pessoas

> no cumprimento e desenvolvimento de tarefas, deixam de ser um amontoado de indivíduos, para assumir-se enquanto participante de um grupo, com um objetivo mútuo. Isso significa que cada um exercitou sua fala, sua opinião, seu silêncio, defendendo seus pontos de vista. Portanto, descobrindo que, mesmo tendo um objetivo mútuo, cada participante é diferente. Tem sua identidade. (Freire 1993, p. 59)

Assim, algumas estratégias foram sendo planejadas e implementadas. A primeira delas foi escutar atentamente as professoras que permaneceram na unidade a fim de conhecer a experiência desenvolvida à época da creche comunitária, bem como observar o trabalho de cada professora nova, individualmente e em dupla. A leitura dos *Referenciais curriculares para a rede municipal de ensino de Niterói: Educação infantil* (Secretaria Municipal de Educação/Fundação Municipal de Educação 2010) com as professoras foi outra estratégia que teve como objetivo conhecer como a Fundação Municipal de Educação de Niterói compreendia a educação infantil e que caminhos apontava para o fazer pedagógico. Ou seja, precisávamos encontrar um eixo comum de trabalho, considerando as experiências de todas, mas com a clareza de que nossas orientações para o fazer pedagógico tinham bases e princípios definidos no âmbito da rede municipal.

Uma outra demanda não menos importante diz respeito às relações estabelecidas entre a escola e as famílias das crianças. Consideramos que só seja possível desenvolver uma proposta pedagógica séria, tendo a criança como centro das ações, com base no tripé: crianças, profissionais e famílias.

Assim, fomos nos aproximando desses familiares, realizando reuniões, colocando-nos à disposição para atender individualmente aqueles que sentiam necessidade de esclarecer dúvidas, bem como para ouvir suas considerações sobre o que achavam importante para a comunidade. Nesse sentido, em nossa experiência o diálogo com pais e responsáveis tem sido um importante norteador.

No que se refere ao trabalho com os profissionais, um investimento peculiar foi sendo feito: além do discurso, dos princípios, do planejamento pedagógico, criaram-se oportunidades de troca e interação, mediadas pelo mundo. Do ponto de vista da equipe gestora e pedagógica, a visita aos espaços culturais da cidade poderia ser uma importante forma de aproximação dos diferentes profissionais, bem como uma possibilidade de estabelecermos com a cidade uma relação de pertencimento, favorecendo a construção de um vínculo com a própria escola e com sua comunidade. Dessa forma, visitamos o Museu Popular Janete Costa, o Museu de Arte Contemporânea e a Biblioteca Pública Municipal, instituição que fica a poucos metros de nossa unidade escolar e que tem investido em uma importante interlocução com a comunidade do seu entorno, da qual muitas crianças que atendemos fazem parte. Assim, conceber a cidade como um espaço educador nos fez refletir como é necessário investir na construção da formação estética de todos os profissionais.

Durante esses momentos de visitas, deparamos com professoras que nunca haviam frequentado alguns desses espaços culturais ou sequer sabiam de sua existência. Observamos a pouca intimidade com tais locais; vimos emergirem muitas vezes sentimentos e comportamentos como: surpresa, vergonha, insegurança ou dúvidas de como proceder. Porém, percebemos também que aqueles que já conheciam os espaços e transitavam por eles com maior leveza iam apresentando-os aos colegas, permitindo uma aproximação cultural e afetiva. Tal observação, paulatinamente, tem mobilizado nossa ação gestora, pois acreditamos que possibilitar a ampliação do olhar estético pode impulsionar mudanças no olhar para a vida, agregando ao fazer pedagógico uma ampla riqueza.

Estabelecer uma parceria com a Universidade Federal Fluminense (UFF), especialmente com o curso de pedagogia e com os docentes que estavam discutindo questões relacionadas à infância e à própria educação infantil, foi para nós outro importante caminho. Investir na formação dos professores da Umei Rosalda Paim por meio das contribuições teóricas de diferentes autores constituiu-se como uma possibilidade de discutir, construir e implementar uma proposta pedagógica para essa unidade de educação infantil.[4] Mais do que responder às perguntas feitas pelos pais e professores, tal ação formativa ampliou nosso olhar sobre que concepção pedagógica deveria orientar as ações docentes na Umei Rosalda Paim.

Ao falarmos de formação continuada, é importante indicar que a rotatividade de docentes é muito grande, seja pelo vínculo empregatício temporário (não raro com contratos para um período de, no máximo, três anos), seja pelas circunstâncias cotidianas (afastamento por gravidez, desejo de trabalhar mais próximo da residência, conquista de novo emprego etc.). Desse modo, estabelecer um constante processo de reflexão e análise da prática torna-se ainda mais necessário, uma vez que o desejo de construir um fio condutor para o trabalho sempre nos move. Dessa forma, é a formação continuada dos professores que acreditamos ser nosso maior desafio.

E o desafio guia nosso desejo e nossa expectativa, acreditando que ouvir as vozes e acolher os fazeres que se cruzam no trabalho cotidiano podem ajudar a ampliar nosso olhar e a traçar novos caminhos. Nesse sentido, daremos ênfase, neste capítulo, às ações formativas que construímos ao longo desse período, as quais contemplam questões relacionadas à estruturação da rotina, à compreensão do espaço como um elemento do currículo e à importância do registro como instrumento da prática pedagógica.

Na rotina que se instaura entre o cuidar e educar: A criança é o centro

Nos últimos 30 anos, a criança de 0 a 6 anos ganhou especial destaque na construção de políticas públicas educacionais. A Lei de

4. Destacamos o desenvolvimento do Projeto de Extensão "Diálogos entre saberes e fazeres: Encontros de formação continuada com profissionais da educação infantil", realizado na Umei Rosalda Paim, com todos os professores de 2014 a 2016 (Ostetto 2014b).

Diretrizes e Bases da Educação Nacional, promulgada em 1996, considera a educação infantil como a primeira etapa da educação básica. De acordo com as *Diretrizes curriculares nacionais para a educação infantil* (Brasil 2010), essa etapa deve ser construída com base no binômio cuidar-educar, uma vez que ambos os conceitos pressupõem a criação de uma relação com o outro. Mais do que garantir uma rotina de cuidados, a escola para a criança pequena precisa se constituir como espaço educador. E, nesse sentido, a construção de uma proposta pedagógica se faz imperativa. Para tanto, compreende-se que "proposta pedagógica ou projeto político pedagógico é o plano orientador das ações da instituição e define as metas que se pretendem para a aprendizagem e o desenvolvimento das crianças que nela são educadas e cuidadas" (*ibidem*, p. 13).

Queremos construir uma proposta que, contemplando a brincadeira e as interações como eixos (Brasil 2010), faça com que as situações de cuidado sejam compreendidas como possibilidades de aprendizagens. O banho, a soneca, a escovação dos dentes, a higiene íntima, a alimentação são partes importantes da rotina de uma escola de horário integral, mas trata-se de atividades que não podem ser feitas de forma repetitiva ou apressada, simplesmente como uma tarefa a ser cumprida. Tais atividades ganham sentido educativo quando o adulto se dirige às crianças com respeito, paciência, alegria, usando um tom de voz ameno, quando sabe, e acredita, que ao cuidar também educa.

Nem sempre o adulto percebe que o modo como se dirige à criança está permeado de uma atitude ameaçadora. Contudo, não podemos justificar atos, como, por exemplo, colocar-se de pé encarando a criança sentada e, de modo incisivo, solicitar-lhe que se alimente, como parte de nosso cuidado e de nossa preocupação com seu bem-estar. O momento das refeições precisa ser tranquilo, com o adulto se disponibilizando para ajudar as crianças que necessitarem. Todas ainda são pequenas.

O que percebemos é que as questões do cuidar estão muito ligadas à nossa própria história, aos cuidados que recebemos na infância. Pouco discutimos esses assuntos na universidade. E se, por um lado, as questões do cuidar se relacionam à figura da mãe, da tia, da avó e aos laços afetivos construídos, por outro, durante muito tempo, foram vividas nas escolas e nos espaços hospitalares como situações que exigem uma objetividade que distancie corpo e emoção. Como então construir práticas que, recheadas de afetividade e respeito à pessoa pequena, garantam saúde e cuidados essenciais?

Oliveira (1992) nos ajuda a pensar sobre tais desafios lembrando a importância de planejar atividades a fim de guiar o trabalho cotidiano, considerando, no entanto, a riqueza da dinâmica social própria da criança. Para a autora, planejar a rotina não significa a previsão de uma sequência de atos que serão necessariamente cumpridos. Quando planejadas, as atividades que são cotidianamente desenvolvidas podem ganhar sentido e ajudar a criança a perceber a relação entre espaço e tempo, compreendendo aos poucos o funcionamento dos horários da instituição que frequenta.

> Contudo, o acontecer de coisas novas, inesperadas, é fundamental para a ampliação das experiências infantis. As novidades podem ser planejadas, apoiando-se na estrutura orientadora de rotina. A criança age, com isso, num clima de maior segurança, estabilidade e consistência. (*Ibidem*, p. 76)

Diante disso, conversar sobre tais questões, pensar sobre a própria infância, discutir práticas muitas vezes naturalizadas como corretas têm sido alvo de nossas ações durante as reuniões semanais de planejamento coletivo ou em pequenas conversas com as duplas de trabalho, trazendo à tona de forma mais específica questões observadas, seja pela equipe gestora, seja por outros colegas.

Espaço: Um outro educador

A escola não é um terreno neutro; a forma como as pessoas construíram o prédio revela o que pensam sobre educação infantil. Além disso, tal espaço geralmente é organizado de acordo com as ideias que os educadores possuem sobre o desenvolvimento infantil. Como revelam diferentes estudos, os equipamentos e a disposição do mobiliário podem favorecer ou dificultar a autonomia das crianças, suas interações com objetos e com os amigos, entre outros aspectos.

Historicamente, o planejamento e a construção dos espaços físicos para a criança pequena têm sido negligenciados ou partem de concepções cujo adulto é o centro das ações. No entanto, os *Referenciais curriculares para a rede municipal de ensino de Niterói: Educação infantil* (Secretaria Municipal de Educação/Fundação Municipal de Educação 2010, p. 31) apontam a importância de garantir a qualidade do atendimento e o desenvolvimento da criança, indicando a necessidade de que

> o poder público esteja em sintonia com os princípios e especificidades da Educação Infantil no planejamento, projeto, na construção e organização dos espaços e que se avalie sobre quais as melhores formas de estruturá-los para que as crianças se sintam parte deles.

Ressaltamos, entretanto, que o prédio da Umei Rosalda Paim, apesar de ter sofrido uma importante reforma em 2014, foi construído para outros fins e em outro momento da história da cidade. E, ainda que a equipe gestora e pedagógica tenha interferido em parte da reforma, sugerindo e solicitando alterações, a estrutura do prédio não foi modificada ou ampliada.

Dadas as condições, após a reforma, o corpo docente foi instigado a pensar a arrumação dos espaços considerando tal aspecto como parte do processo curricular. Era necessário estudar o espaço, e esse foi o primeiro movimento de formação docente realizado em parceria com a Universidade Federal Fluminense.[5]

---

5. Durante o segundo semestre de 2014, a professora e pesquisadora Luciana Ostetto, da Faculdade de Educação da UFF, realizou um curso de extensão na unidade escolar, favorecendo a reflexão sobre a organização espacial.

A forma como as salas são organizadas é fruto de constante reflexão e interferência da equipe gestora e pedagógica. Um importante aspecto é a organização a partir de zonas circunscritas, compreendidas como "áreas espaciais claramente delimitadas pelo menos em três lados por barreiras formadas por mobiliário, parede, desnível do solo etc." (Carvalho e Rubiano 1994, p. 118). Criar diferentes cantos para as crianças brincarem aponta para uma proposta em que o professor não precise direcionar todo o tempo às atividades, favorecendo que fique disponível para aquelas crianças que precisam de maior atenção, bem como tendo mais tempo para observar as interações das crianças. Dessa forma poderá manter um contato mais individualizado com algumas e desenvolver atividades com um pequeno grupo de cada vez, por exemplo.

No entanto, compreender tal proposta significa romper com um paradigma ainda muito presente na história da educação: o professor deixa de ser o centro da ação pedagógica dando lugar à criança. Por isso, embora a discussão tenha sido alvo de um curso e ainda hoje esteja presente nas nossas reuniões de planejamento, é um grande desafio para todos os docentes perceber a criança como centro desse processo, ouvindo sua voz e estabelecendo relações horizontais com ela.

Cotidianamente, a equipe gestora e pedagógica, juntamente com os professores, planeja a compra de diferentes materiais e suportes de armazenamento considerando os arranjos espaciais. Acreditamos, como nos aponta Ostetto (2015), em um espaço que é compreendido como ambiente, favorecendo encontros, interações e trocas entre as próprias crianças, garantindo o bem-estar de cada uma individualmente e do grupo como um todo. Em 2015, por exemplo, a renda da Festa da Família (anualmente realizada na unidade) foi direcionada para a compra de estantes baixas, para que os materiais e os brinquedos fossem armazenados na altura das crianças. E, embora saibamos que não é o objeto que determinará as ações, temos clareza de que, como equipe gestora e pedagógica, precisamos possibilitar que práticas diferenciadas sejam instituídas, sendo necessários para isso objetos e suportes adequados.

Sabemos que muitas vezes, nas instituições para crianças pequenas, o espaço não é considerado um educador ou mesmo um componente curricular, o que gera a inexistência de materiais apropriados, dificultando assim a possibilidade de arranjos espaciais diversificados e de práticas pedagógicas que promovam a identidade pessoal, o desenvolvimento de competências, oportunidades para o crescimento, a sensação de segurança e confiança e as oportunidades para o contato e a privacidade, como destacam Carvalho e Rubiano (1994) com base nos estudos desenvolvidos por David e Weinsten sobre as funções relativas ao desenvolvimento infantil.

Acreditamos que a ação gestora deve se tornar um elemento facilitador do processo de construção de uma outra forma de configuração espacial. Portanto, a compra de estantes baixas se coaduna com uma ação política e pedagógica que busca fomentar uma mudança nos arranjos espaciais e, por conseguinte, na própria prática pedagógica, potencializando o desenvolvimento infantil.

Carvalho e Rubiano (1994) indicam que o espaço deve propiciar: a construção da identidade; a busca da autonomia, sobretudo garantindo que as crianças possam gerir seus processos e ações, como acessar prateleiras com brinquedos e materiais de uso cotidiano; favorecimento dos movimentos corporais; segurança e contato entre as próprias crianças, e entre as crianças e os adultos.

O desafio foi entender como organizar os cantos em zonas circunscritas e propiciar interações nas quais a criança se torna o centro do processo educativo. Não bastam apenas os suportes físicos adequados para formação desses cantos, mas é preciso cotidianamente refletir sobre qual concepção de ensino, de aprendizagem e de infância está por trás da importância dessa mudança.

Iniciamos tal processo bem devagar. Primeiramente, ao propormos aos professores a elaboração de "cantos de brincadeiras", sugerimos que a divisão das salas em cantos fosse feita com colchonetes empilhados, revestidos de tecidos coloridos, e caixotes de frutas, também pintados e revestidos de tecidos estampados. Outros cantos foram sendo criados com os próprios armários e estantes das salas. Mas uma das divisórias mais interessantes foi feita com a mesa dos professores, uma vez que, na maioria das salas, tal equipamento se transformou em casinha. Utilizando tintas, tecidos e muita criatividade, os professores foram construindo com as crianças cabanas com janelas, portas e até toldos, propiciando à garotada um espaço pequeno e coberto para que eles realizem suas brincadeiras, criando enredos e encenando suas histórias.

O que não podíamos perder de vista era o fato de que, ao trazermos essa configuração de espaço, era fundamental valorizar a importância da própria brincadeira proporcionada pela experiência de um canto pensado coletivamente. Outro aspecto foi o planejamento dos brinquedos que iriam compor cada espaço configurado e em que altura eles seriam colocados, proporcionando a autonomia das crianças para escolherem seus cantos preferidos e seus brinquedos prediletos.

Assim, o planejamento pedagógico ultrapassa as paredes da sala de aula ao mesmo tempo em que rompe com uma concepção de caráter tecnicista, na qual planejar é preencher fichas e formulários, listando objetivos e conteúdos. Ostetto (2015, p. 109) nos ajuda a refletir sobre essa ideia de planejamento ressaltando que o planejamento é marcado pela intencionalidade do processo educativo: "O planejamento é ação contínua e crítica do educador diante do seu trabalho docente e envolve todo o cotidiano educativo".

Nesse processo, algumas professoras foram organizando a retirada de mesas e cadeiras das salas, dando lugar a uma nova configuração espacial e ao mesmo tempo a uma nova possibilidade de interações entre as crianças. Outros desafios e solicitações foram se construindo, como a necessidade de que estantes de ferro fossem cerradas para a criação de novos cantos, cestos para arrumação e organização de brinquedos e materiais fossem adquiridos, ganchos nas paredes fossem instalados etc.

Ressaltamos, entretanto, que nem todos os professores caminham no mesmo ritmo. Muitas vezes os cantos existem, mas a maior parte das atividades ainda é feita no centro da sala com todos em volta do docente; outras vezes, o canto não atende ao interesse da criança, seja porque não foi organizado de maneira convidativa, seja porque não houve a participação da criança na escolha dos materiais.

Muito ainda temos a estudar sobre os arranjos espaciais e a interação que as zonas circunscritas podem potencializar. Caminhamos devagar e alertas. Sabemos que cotidianamente somos enlaçados por armadilhas criadas pela nossa história que está fincada na ideia de que todas as crianças devem estar voltadas para a figura adulta – aquela que dirige, organiza e estabelece os tempos e espaços de brincadeiras e aprendizagens. Romper com essa ideia leva tempo e requer constante discussão.

Registrar e documentar o vivido

Outra ação que consideramos formativa é a recomendação para que diariamente os professores registrem de forma escrita o desenvolvimento das atividades planejadas. Para tanto, há o caderno da dupla, e é preciso combinar quem irá realizar tal registro e qual foco será dado. A proposta é que esse registro detalhe o que foi feito e as estratégias utilizadas pelos professores, podendo ser compartilhado com a equipe gestora e pedagógica. Além disso, cada professora tem uma caderneta para suas anotações pessoais e as anotações a respeito de observações das crianças, acontecimentos, fatos que transcorrem no cotidiano etc.

Considerando essa prática como parte da formação contínua das professoras, acompanhamos os registros do caderno da dupla, que tem um caráter mais público, e oportunamente seu conteúdo é base para um encontro com a dupla de professoras para conversar, orientar situações para as quais relatam precisar de ajuda e também apontar sugestões para a continuidade do trabalho. É uma tentativa, respeitosa e solidária, de ampliar os espaços para a reflexão sobre o trabalho pedagógico com base em princípios pautados na legislação e em pesquisas sobre o trabalho com a criança pequena. Não é uma ação de controle, mas de diálogo, que tem surtido efeito, convidando à autoria e à participação.

Pensar cotidianamente sobre os registros que se fazem e sobre como esses registros são produzidos é também um desafio que se impõe para a prática docente e para a qualidade da educação infantil. Estudar, refletir, intervir é um compromisso que assumimos nessa unidade escolar. E, nesse sentido, apoiar a escrita das professoras e incentivar o registro sobre o vivido são formas de nos reconhecermos como parte desse processo.

Em 2015 e parte de 2016, o processo de formação continuada voltou-se para pensarmos sobre o registro e a forma como documentamos pedagogicamente as práticas vividas. Na parceria com a universidade, fundamental para investirmos de maneira contínua na formação docente, foi realizado nas dependências da Umei um outro curso, agora destacando a escrita da experiência, a observação e o registro do cotidiano.[6]

Nos encontros, ampliamos a compreensão do registro escrito, e começamos a discutir sobre a importância dos registros fotográfico e videográfico, também como instrumentos de documentação e, portanto, contribuintes do processo formativo, uma vez que dizem respeito à observação da própria prática. O registro do cotidiano, fotografando, gravando um pequeno vídeo, fazendo uma audiogravação, dá visibilidade às crianças e ao seu processo de desenvolvimento e aprendizagem, ao mesmo tempo em que ajuda o professor a ter mais consciência de suas ações. Assim, os estudos nos ajudam a compreender que o registro é uma importante forma de pensarmos sobre o nosso fazer, uma vez que revela às crianças e a nós, professores, a forma como pensamos e propomos as interações e brincadeiras.

Todo trabalho de formação continuada, entre tantos outros itens do trabalho do gestor, tem como sonho conservar nossas almas infantis, assim como a d. Maria, descrita por Graciliano Ramos, na epígrafe deste capítulo, procurando adentrar, por meio de interações e brincadeiras, no universo das crianças, descobrindo e conhecendo cada vez mais suas

6. Os encontros de estudo foram realizados no âmbito de projetos de pesquisa e extensão desenvolvidos na Umei (Ostetto 2014a e 2014b).

formas de ser e estar no mundo para então planejar espaços e tempos potentes e significativos para sua aprendizagem e seu desenvolvimento.

Considerações finais

Ao assumirmos a direção da Umei Rosalda Paim percebemos imediatamente que a ação gestora era algo muito maior do que cumprir compromissos administrativos ou burocráticos. Na verdade, tais tarefas estão absolutamente interligadas com o fazer pedagógico, com as relações interpessoais que vão se construindo, com a formação continuada dos professores e com as crianças. Sim, sobretudo com as crianças.

Dessa forma, nosso desafio tem sido tecer um projeto de escola fincado no olhar sobre a criança como centro da ação gestora. Partindo desse princípio, direção e coordenação pedagógica abraçam o mesmo objetivo e, juntas, tentam criar situações formativas que potencializem práticas pedagógicas diferenciadas daquelas comumente encontradas nas escolas de educação infantil.

Planejar as ações do cuidar, desnaturalizando o olhar sobre situações tão corriqueiras, como alimentar as crianças, ajudá-las a relaxar durante um determinado período ou cuidar de seu corpo, configura-se como importante especificidade daquele que trabalha com a criança pequena, um profissional tantas vezes desqualificado e considerado de menor valor. Investirmos nessa ação favorece não só aquele que atendemos, mas também o adulto que lida com essa criança.

O planejamento do trabalho com a criança pequena assume, nesse sentido, um lugar de destaque, especialmente se compreendermos o planejamento como atitude. Para desempenhar de forma adequada seu papel, a educação infantil deve

> assegurar o duplo objetivo de cuidar e educar, o que significa afirmar que o trabalho pedagógico diz respeito a todos os momentos do cotidiano, englobando todas as ações que envolvem as necessidades e

> o bem-estar das crianças na sua inteireza: acolhimento, alimentação, higiene, sono. (Ostetto 2015, p. 110)

É no sentido de qualificarmos essa relação que também investimos na parceria com a universidade pública, instituição que pesquisa e estuda as diferentes facetas da educação infantil. Nossa intenção é refletirmos, com a ajuda da universidade, sobre o fazer docente, especialmente considerando a faixa etária que atendemos. Assim, a realização de cursos de extensão na própria escola, certificando os professores e buscando discutir assuntos que adentram o cotidiano pedagógico, configura-se, para nós, como um importante investimento.

O desafio é construir uma coerência entre o que estamos discutindo e propondo e oferecer condições objetivas para a realização do trabalho docente. Não basta refletir sobre formas diferenciadas de organizar o espaço; é preciso oferecer materiais e suportes que favoreçam uma mudança de perspectiva. E, sem dúvida, ainda que no âmbito da unidade, guiada pelos objetivos de um projeto político-pedagógico tecido com todos, sigamos buscando recursos para oferecer tal suporte; para tanto, um maior e mais adequado investimento do poder público na compra de materiais é imprescindível. Por outro lado, mesmo que exista amplo investimento na formação continuada dos docentes, e que seja disponibilizado todo o apoio material, cada docente traz a sua história de vida e de formação, o que gera ações conflitantes e por vezes contraditórias.

Compreender a criança como uma pessoa pequena que, mesmo com tão pouco tempo de vida, já traz inúmeras experiências, elabora hipóteses, tece vínculos afetivos, descobre caminhos ainda não imaginados, faz inúmeros questionamentos é um desafio que diariamente tentamos viver. Nem sempre conseguimos. Mas caminhamos firmes em busca de uma gestão que considere essa ideia de criança, trazendo-a para o centro do nosso fazer.

Referências bibliográficas

BRASIL (2010). *Diretrizes curriculares nacionais para a educação infantil.* Brasília: MEC/SEB.

CARVALHO, M.I.C. de e RUBIANO, M.R.B. (1994). "Organização do espaço em instituições pré-escolares". *In*: OLIVEIRA, Z. de M.R. de (org.). *Educação infantil: Muitos olhares*. São Paulo: Cortez.

FREIRE, M. (1993). "O que é um grupo". *In*: GROSSI, E.P. e BORDIN, J. (orgs.). *Paixão de aprender*. 2ª ed. Petrópolis: Vozes.

OLIVEIRA, Z. de M.R. de (1992). *Creches: Crianças, faz de conta e cia.* Petrópolis: Vozes.

OSTETTO, L.E. (2014a). "A dimensão estética da documentação pedagógica: Poéticas do processo". Projeto de pesquisa. Niterói: UFF.

______ (2014b). "Diálogos entre saberes e fazeres: Encontros de formação continuada com profissionais da educação infantil". Projeto de extensão. Niterói: UFF.

______ (2015). "Planejamento e prática pedagógica na educação infantil: Conhecer as crianças, construir diálogos, tecer possibilidades". *In*: SOMMERHALDER, A. (org.). *A educação infantil em perspectiva: Fundamentos e práticas docentes*. São Carlos: EdUFSCar.

RAMOS, G. (2006). *Infância*. 38ª ed. Rio de Janeiro: Record.

SECRETARIA MUNICIPAL DE EDUCAÇÃO/FUNDAÇÃO MUNICIPAL DE EDUCAÇÃO (2010). *Referenciais curriculares para a rede municipal de ensino de Niterói: Educação infantil.* Niterói.

3
REGISTRO E DOCUMENTAÇÃO PEDAGÓGICA COMO PROJETO DE FORMAÇÃO DOCENTE

Lilian Garcia
Krýsthinna Franco Sepúlvida de Abreu

Assim se imprime na narrativa a marca do narrador, como a mão do oleiro na argila do vaso.
Walter Benjamin (1994, p. 205)

Sobre marcas e desejos

O capítulo que ora apresentamos nasce com o desejo de revelar marcas de um período vivido na Unidade Municipal de Educação Infantil (Umei) Rosalda Paim quando nós, pedagogas da rede municipal de educação de Niterói, participamos da história de um coletivo de educação infantil que iniciava sua jornada e construía, no contato com as crianças e suas famílias, fazeres e saberes singulares. Nesse tempo, experimentando a tessitura de registros e documentação em parceria com os muitos sujeitos envolvidos nessa bonita ação de tornar-se professora, fomos sendo marcadas e deixando marcas, no diálogo, na troca, na busca.

O filósofo Walter Benjamin (1994), ao estabelecer relações entre experiência e narrativa, chama a atenção para o vínculo entre o episódio narrado e a vida do narrador. O autor traz luz ao ato de contar o vivido e fazer-se narrador, demonstrando a importância das histórias, da memória, da experiência compartilhada.

Narrar algo pressupõe escolhas. Contar uma história implica eleger o que parece mais importante ao narrador; por vezes, é pensar naquilo que, para ele, interessará mais ao leitor. Para professores e professoras, escrever sobre seu trabalho pedagógico é fundamental, pois significa contar sua história, traçar sua trajetória, comunicar certezas e incertezas, refletir sobre sua prática na relação com meninos e meninas no cotidiano educativo. Nesse processo, ao elegerem as importâncias do vivido que serão registradas, deixam suas marcas.

E foi exatamente isso que, como parte de um coletivo, tentamos traduzir neste capítulo: nossas certezas e incertezas, dúvidas, alegrias e angústias, conquistas e aprendizados, falando do lugar de articuladoras do trabalho pedagógico de uma unidade de educação infantil, que se propõe, em parceria com a universidade, traçar e concretizar um processo formativo com o grupo de professoras, de maneira significativa.

Considerando como eixo da reflexão proposta o processo de documentação pedagógica, começamos contextualizando nossa aproximação ao tema que, no cotidiano da Umei, tornou-se foco de estudo e reflexão; falamos do vivido e do projetado, sonhando novas práticas na educação infantil. Chegando mais perto do processo de formação continuada que planejamos e realizamos, discutimos a importância de aprender a olhar e a dizer sobre as experiências protagonizadas no cotidiano entre as crianças. Para além do registro escrito, também abordamos outras formas de ver e documentar, descobertas e experimentadas no processo. Por fim, tecemos algumas considerações fechando o capítulo, mas deixando muitos pontos em aberto sobre o tema.

Do vivido ao projetado: Sonhando novas práticas na educação infantil

O processo de documentação pedagógica da Umei Rosalda Paim tornou-se tema de um projeto de formação continuada, realizado em parceria com a Universidade Federal Fluminense (UFF), viabilizado pela proposta de ação extensionista.[1] Nos anos de 2015 e 2016, nas dependências da Umei, sempre na última quarta-feira de cada mês, tínhamos um encontro marcado para discutirmos questões do cotidiano educativo, sendo que a temática do registro e da documentação pedagógica articulou as reflexões que foram pautadas no levantamento de necessidades dos profissionais. Com duração de quatro horas cada encontro, ao longo desses dois anos o projeto totalizou mais de 60 horas de formação, incluindo trocas de experiência, estudos, análise de registros, experimentações de escrita e produção de narrativas sobre o cotidiano vivido entre os grupos de crianças. A parceria com a UFF e a presença de uma professora pesquisadora em nossa unidade escolar foram e ainda têm sido fundamentais para investirmos de maneira contínua na formação docente.

Para concluir que havia a necessidade de estudo e reflexão acerca daquele tema, e importante instrumento de trabalho, a equipe de articulação pedagógica (EAP)[2] procedeu a um movimento de retomada e avaliação dos caminhos trilhados em experiências anteriores, analisando parcerias, identificando acertos e erros e localizando as muitas dúvidas que, no processo, ficavam mais evidentes.

Em 2013, quando a instituição foi criada, a partir da municipalização de uma creche comunitária conveniada com a prefeitura local, os

1. Projeto de extensão "Diálogos entre saberes e fazeres: Encontros de formação continuada com profissionais da educação infantil", realizado na Umei Rosalda Paim, com todos os seus professores (coordenado pela professora Luciana Ostetto, da Universidade Federal Fluminense).
2. Na rede municipal de ensino de Niterói, a EAP é composta pela diretora-geral e a diretora-adjunta, o pedagogo, o supervisor escolar e/ou orientador educacional, a secretária escolar e o professor coordenador de turno.

murais nas paredes, as pastas de trabalhos individuais das crianças (nas quais havia as famigeradas "folhinhas" de exercícios, enquadradas no tradicional papel A4), os planos de curso e horários que definiam a organização do cotidiano revelavam uma concepção de educação infantil que se traduzia em uma determinada forma de trabalho pedagógico. Como parte do sistema de ensino municipal, a então creche comunitária, agora Umei Rosalda Paim, passou a se organizar tendo por base a orientação nacional sobre essa etapa da educação básica (Brasil 2009), por meio da qual as mudanças foram significativas.

Entre as mudanças no modo de funcionamento e nos princípios orientadores para os professores, encaminhamos, como equipe pedagógica, a proposta de produção semestral de relatórios avaliativos sobre o trabalho realizado no/pelo grupo de crianças, chamando-o de relatório de grupo. Nessa ocasião já eram solicitados os relatórios individuais previstos pela Secretaria de Educação.

Nesse contexto, a utilização do caderno de registro foi considerada a principal aliada das duas professoras que atuavam em cada grupo, como estratégia de memória e coleta de elementos para a avaliação da prática pedagógica e para o replanejamento. Compreendíamos que registrar o vivido, narrar o que fora planejado ou marcar o inesperado vivenciado tecia a prática do professor, na medida em que deixava pistas para novas cenas do trabalho com as crianças e dava subsídios para realizar suas reflexões teóricas. Sendo assim, também acreditamos que "a prática do registro é importante porque nos permite construir a memória compreensiva" (Warschauer 1993, p. 35).

Além desse caderno de registro, consideramos que também seria necessário um pequeno caderno de campo, uma espécie de caderneta ou bloco de notas, que serviria de suporte para anotações de acontecimentos cotidianos, cenas e experiências que seriam observadas e que, muitas vezes, no atropelo do tempo, poderiam ser esquecidas. Essas observações – das crianças, de suas ações, interações, brincadeiras, falas, descobertas –, como sabemos, são preciosas. Na nossa proposta, a dinâmica seria: fazer pequenas anotações no bloco de notas, como memória auxiliar, e, posteriormente, transcrever a narrativa no referido caderno de registro, compartilhado pelas duas docentes.

Esse fazer aguça o olhar investigativo do professor, coloca-o como um sujeito da etnografia e desafia-o a estranhar o familiar e tornar familiar o que é ou parece ser estranho.

O que registrar? Como registrar? Perguntas como essas são parte do exercício da documentação pedagógica e podem encontrar referência em metodologias de pesquisa etnográfica. A observação participante parece-nos interessante, pois aponta o exercício de estranhamento como estratégia para compreender o compreender do outro. O pesquisador, quando opta pela observação participante, aguça seu olhar por dentro da lógica do pesquisado. Comparar a escrita do caderno de registro com o caderno de campo do etnógrafo que abraça a metodologia citada ajuda a definir papéis e objetivos primeiros para a tarefa de registrar o cotidiano,

O caderno de campo de um pesquisador da observação participante é recheado de anotações que servem para compor a respeito de um grupo social, suas ideias, seus costumes, sua língua. Exige disciplina para o registro de evidências e minúcias, sons, cheiros, gestos. Exige precisão de palavras, olhar e ouvidos sensíveis. No registro do cotidiano do trabalho pedagógico não é diferente. A disciplina para as anotações é fundamental e, no caso da nossa experiência, é um duplo desafio, pois trata-se dos olhares de dois professores, dois pesquisadores, dois etnógrafos sobre o mesmo objeto de estudo. É um planejar a quatro mãos afinando ainda duas formações, duas pessoas encharcadas de histórias, conceitos preconcebidos, objetivos, ideias de educação, infância, de ser educador.

Nossa pretensão era construir, com o grupo de professoras que então iniciava sua práxis na recém-criada Umei, uma escola de pesquisar, de brincar, de ler, de construir com sucata, tecido, papelão, de plantar, de usar mais o espaço externo. Enfim, de experimentar cumprir as *Diretrizes curriculares nacionais para a educação infantil*, que nos orientam a embasar o trabalho pedagógico nos dois grandes eixos norteadores: interações e a brincadeira (Brasil 2009).

Era necessário aprimorar os olhares sobre as crianças entendendo-as como seres completos, totais e indivisíveis e sobre o trabalho com a educação da infância. Para isso, nossa proposta apoiou-se nos fundamentos do trabalho com projetos, uma forma de organização não linear dos conhecimentos. Segundo Hernandez e Ventura (1998, p. 61), "um projeto pode organizar-se seguindo um determinado eixo: a definição de um conceito, um problema geral ou particular, um conjunto de perguntas inter-relacionadas, uma temática que valha a pena ser tratada por si mesma".

Com a proposição, percebíamos a satisfação das professoras em participar daquela nova forma de trabalho, que tentava romper com a habitual programação linear e convidava a olhar as crianças, seus saberes e fazeres para então planejar. Ao mesmo tempo, ficou nítida a insegurança em fazê-lo. Planejar por projetos requer a abertura para a aventura, para o inusitado que foge ao controle do previsto e ordenado. Estava colocado o convite para novas experiências, de autoria e criação, de professoras e crianças. E as professoras, de maneira diversa, conforme os elementos de que dispunham (advindos seja da formação inicial, seja da prática já vivenciada), responderam positivamente à proposta. E, entre limites e possibilidades, seguimos (re)criando o cotidiano.

Por outro lado, constantemente éramos questionadas sobre o que afinal era para ser realizado naquele novo espaço, já que as chamadas atividades não eram cobradas e tampouco orientadas a acontecer. Ao contrário, a orientação era para que as crianças fossem ouvidas, argumentando-se que delas surgiriam as respostas para o que estudar, o que ensinar, o que propor enfim. Não é fácil romper hábitos. Como encaminhar um trabalho com projetos, rompendo com a lógica da "hora da atividade", apoiando e encorajando as professoras em novas aventuras com as crianças?

A definição de um tema anual, que inspirasse o grupo e que deflagrasse uma atmosfera propícia capaz de contagiar professoras, crianças, merendeiras, serviços gerais, pais, direção, pareceu-nos uma boa direção a seguir. Um tema que pudesse ser comunicado e compartilhado nos murais, nas portas, nos corredores, que fizesse parte das conversas dentro e fora da unidade, que propiciasse novas conexões com outros temas. Assim, caminhávamos para o rompimento de uma prática usual: a listagem de ideias e atividades como planejamento a ser desenvolvido com as crianças. Na perspectiva que estávamos sonhando prosseguir, precisávamos de ideias, sim, mas mapeadas pela observação das crianças, por sua participação, oferecendo um retrato de caminhos a serem desbravados: estávamos pensando na elaboração de mapas como instrumentos que apontassem possibilidades.

Começamos a propor ao grupo exercícios de mapeamento de possibilidades de conhecimentos envolvidos em um tema inspirador: surgia o mapa conceitual, que foi desenhado como um grande caleidoscópio (Hernandez e Ventura 1998), como uma teia e mesmo como uma lista de conteúdos com ligações entre si, relacionados ao tema inspirador. Buscamos a melhor forma de desenhar e projetar o trabalho com o tema inspirador de cada ano, de modo que não amarrasse ideias, que não listasse conteúdos apenas, mas que ajudasse no caminho a ser percorrido, e que, sim, definisse qual objetivo se queria para a educação da infância.

É interessante destacar que esse mapa, como documento que registra a proposta pedagógica em construção e historiciza o processo, ficava arquivado no diário de classe de cada grupo.

No processo de formação continuada: Aprender a olhar e a dizer

O processo de formação continuada voltou-se, nos anos de 2015 e 2016, para a reflexão a respeito do registro e da forma como documentamos pedagogicamente as práticas vividas. Determinar esse plano de estudo e reflexão contribuiu imensamente para avançarmos no projeto de educação infantil traçado, pois, como nos indica Madalena Freire (2008, pp. 58-59), "o registro permite também a retomada e revisão de encaminhamentos feitos, que possibilita a avaliação sobre a prática, constituindo-se fonte de investigação e replanejamento para a adequação de ações futuras". O registro é o elo entre o planejamento e a avaliação, oferecendo elementos para tal avanço.

Como pedagogas, acompanhando e apoiando os processos, testemunhávamos que cada profissional iniciava o seu exercício de escrita timidamente, preocupado, ainda buscando o que escrever, o que privilegiar. Um grande desafio revelou-se: não era simples observar ações, interações, reações, proposições; não era simples registrar o cotidiano vivido. Exigia, como destacado em algumas pesquisas (Ostetto, Oliveira e Messina 2001; Ostetto 2012), esforço, disciplina e até mesmo coragem de enfrentar limitações, angústias e medos.

Aprendemos, com Madalena Freire (2008, p. 132), que é importante ter uma pauta para o olhar. O que observar/anotar: uma proposta de trabalho, estratégias utilizadas? Uma criança em especial, uma inquietação? Algo que tenha sido um sucesso ou algo que, por ter parecido desastroso, tenha levado a refletir sobre o planejamento proposto e realizado? No exercício de pautar o olhar, o caderno de registro das turmas foi passando a ser, pouco a pouco, um instrumento indispensável da prática pedagógica dos professores, guardando os planejamentos, as observações do cotidiano, as anotações de dúvidas que haviam conduzido à revisão das atividades propostas e a novas ideias, à identificação de acertos e erros. No decorrer dos dias, cada professora avançou de alguma forma, seja na coragem de começar a marcar o vivido, seja no prazer de inventar narrativas, alegrando-se com a constatação: eu posso.

Como foi encantador observarmos os avanços na escrita dos relatórios de alguns profissionais que se sentiram motivados a exercitar essa arte/ofício, superando o medo, transitando entre um registro burocrático, por vezes até mesmo impessoal, para uma escrita viva, que trazia para o centro do texto a criança – suas falas, os conhecimentos construídos, seus avanços, dificuldades, potencialidades, as experiências vividas no grupo e as marcas de todo o processo –, e que, ainda, permitia avaliar a prática pedagógica.

O desdobramento do trabalho proposto foi o desafio da EAP de acompanhar tais registros. Uma das estratégias usadas nessa época foi a leitura do caderno de registro ao fim de cada período letivo. Importante relembrar aqui os dois tipos de registros propostos às docentes: um era o bloco de notas (de caráter pessoal, que não seria mostrado nem lido por qualquer outra pessoa, a não ser que fosse o desejo de quem fazia as anotações); o outro era o caderno de registro da dupla de professoras (de caráter público, passível de ser lido pela equipe gestora-pedagógica, que poderia conter a narrativa de aspectos que haviam sido anotados no bloco de notas pessoal). A princípio houve um desconforto mútuo: da parte das professoras que entregavam seus cadernos e também da parte de quem os lia (as pedagogas, a direção), pois se, por um lado, quem escreve teme ser avaliado, por outro, quem lê sente-se responsável por dar um retorno sincero, ajudando o docente a refletir sobre sua prática. Todavia, pautados no compromisso com a efetivação de uma educação infantil de qualidade, que passa pelo comprometimento com a própria formação, os princípios da gestão democrática deram base às práticas que íamos tecendo e experimentando no coletivo. Compreendíamos que o exercício de escrever sobre a prática cotidiana e dividir a escrita com a equipe pedagógica era também um canal de aproximação, não de controle, mas de disponibilidade para seguir junto, para apoiar as professoras. Aos poucos, compartilhando com a EAP seus cadernos e anotações, os educadores podiam reencontrar "a dimensão humana do fazer: nem só acerto, nem só erro, mas um processo comprometido marcado pela busca da significação do trabalho com as crianças e com o movimento de uma prática pedagógica de qualidade" (Ostetto 2012, p. 17).

Assumindo o desafio, assim fizemos, e consideramos importante compartilhar, no âmbito deste capítulo, nossas estratégias. Para um dos encontros do Conselho de Avaliação e Planejamento do Ciclo Infantil (Capci),[3] levamos a questão dos registros para ser aprofundada e analisada. Como preparação para o encontro, após a leitura de todos os cadernos de registro, a equipe gestora-pedagógica produziu um material de suporte

3. O Conselho de Avaliação e Planejamento do Ciclo Infantil (Capci) acontece duas vezes ao ano em todas as escolas de educação infantil da rede pública do município de Niterói.

para que o grupo pudesse, coletivamente, discutir um pouco sobre o que se apresentava naqueles cadernos lidos. Acreditávamos que esse movimento de visitar o que havia sido escrito provocava a nossa memória e nos dava a possibilidade de projetar novas ações, traçar novos planejamentos.

Organizamos o encontro buscando refletir sobre as ações expressas nos registros produzidos nos cadernos, nos mapas conceituais e nas práticas pedagógicas vividas cotidianamente. Com base nas questões levantadas até então, analisamos, dialogamos, refletindo e traçando desafios para o período letivo seguinte.

Sobre os cadernos de registro, propusemos o diálogo a respeito do conteúdo e da forma de algumas anotações: havia registros que apenas listavam o planejamento e descreviam o que fora realizado; alguns detalhavam as situações vividas, traziam as falas das crianças, comentavam, apontavam temas para reflexão, descobriam limites e possibilidades; outros, além de descreverem as cenas pedagógicas, revelavam a autoria da criança nas atividades propostas e tentavam relacionar teoria e prática, e refletiam sobre o vivido buscando significá-lo.

Em relação aos mapas conceituais, a proposta foi analisar o que inicialmente fora pensado e o que estava realmente acontecendo. Tratava-se apenas de uma nova forma de registrar? Quais eram os focos: atividades, conceitos, experiências? Que conhecimentos eram construídos pelas crianças e observados? No contexto das práticas pedagógicas, a reflexão nos trouxe a possibilidade de reafirmar o lugar da educação da infância garantindo no cotidiano os eixos norteadores: as interações e a brincadeira (Brasil 2009).

Em termos de produção, o exercício do registro revelado nos cadernos ainda nos parecia muito embrionário. A escrita, que se evidenciava ainda muito tímida para alguns, ia se constituindo no diálogo com vários interlocutores envolvidos no processo educativo – crianças, colegas docentes, profissionais de outros setores, família. Nesse ponto, os encontros mensais de formação, via projeto de extensão da UFF, alimentavam e apoiavam o processo, desafiando o grupo a ousar na prática dos registros, na forma e no conteúdo, em seu aprofundamento.

Inaugurávamos uma dinâmica à qual demos continuidade nos períodos letivos seguintes: a equipe de articulação pedagógica lia os registros realizados cotidianamente e posteriormente convidava a dupla de professoras para conversar, apontando os aspectos positivos, solicitando esclarecimentos sobre algumas questões, orientando situações em que a professora relatara precisar de ajuda e também apontando sugestões para a continuidade do trabalho. À medida que construíamos uma relação de confiança mútua, o processo ia acontecendo como uma tentativa de acompanhar e orientar o trabalho pedagógico com base em princípios pautados na legislação e em pesquisas sobre o trabalho com crianças. Com essa dinâmica, afirmávamos nossa crença na formação contínua: esse processo de ler/ouvir as histórias e memórias registradas dos professores é potencialmente formativo, pois acontece cotidianamente, no chão da escola, ampliando a consciência do educador sobre sua prática e consequentemente sobre si mesmo. Como tão bem destacou Madalena Freire (2008, p. 60):

> Nesse aprendizado permanente de escrever e socializar nossa reflexão valendo-nos do diálogo com outros, sedimenta-se a disciplina intelectual tão necessária a um educador pesquisador, estudioso do que faz e da fundamentação teórica que o inspira no seu ensinar.

Nesse ponto, fomos nos constituindo em uma equipe, dialogando, buscando, pesquisando e aprendendo juntos. No papel de pedagogas, também registramos, também experimentamos documentar. O trecho abaixo é um desses registros:

> Dando continuidade ao Capci, pequenos encontros ocorreram na semana seguinte, onde tivemos a oportunidade de fazer a devida mediação em relação ao trabalho desenvolvido por cada grupo, traduzido pelos registros que subsidiaram nossa análise, na expectativa de que continuem a investir numa prática pedagógica planejada, intencional, séria, onde as interações e brincadeiras estejam sempre presentes; onde o registro seja um dos instrumentos para a reflexão constante acerca da sua prática pedagógica, dando visibilidade a

situações vividas, às relações e interações que acontecem no cotidiano escolar, possibilitando uma memória compreensiva que redimensione a prática pedagógica. (Ata do 1º Capci, maio 2016)

Ainda refletindo sobre a documentação pedagógica e suas dimensões, íamos percebendo vários outros instrumentos que nos possibilitavam cada vez mais o diálogo entre os envolvidos no processo educativo. Fomos nos dando conta de que os atendimentos individuais e as anamneses feitas com as famílias de nossas crianças também se convertiam em outra importante documentação, na medida em que se transformavam numa possibilidade de aproximação dos responsáveis, estabelecendo assim uma parceria que acreditamos ser fundamental para o bom desenvolvimento da criança. Ao refletirmos sobre esse tipo de registro, pudemos compreender o quanto nos trouxe de ganhos, como possibilidade de conhecer a criança através do olhar da família.

Para além do registro escrito: Outras formas de ver e documentar

Com o avanço dos encontros de formação, viabilizados no contexto do projeto de extensão já referido, tendo a temática do registro como centro das discussões e dos aprendizados, começamos a compreender não apenas o registro escrito, mas também os registros fotográficos e videográficos como processos formativos, uma vez que, dando forma à documentação, se constituem como instrumentos de observação das crianças, do espaço, do currículo e da própria prática.

O termo "documentação pedagógica" insere-se em uma proposta que considera a importância da escuta, da observação e do registro para conhecer as crianças (Edwards, Gandini e Forman 1999). O ato de documentar não é uma mera coleta de dados, mas configura-se como um "processo cooperativo que ajuda professores a escutar as crianças com que trabalham, possibilitando assim, a partir da documentação, a construção de experiências significativas com elas" (Gandini e Goldhaber 2002, p. 150).

A documentação surge da observação atenta; ao registrarmos o cotidiano, temos a chance de conhecer e dar visibilidade às crianças em suas múltiplas formas de se relacionar, expressar e viver o mundo. Na palavra, na fotografia, no vídeo, na gravação em áudio, aprendemos a ver e reconhecer meninos e meninas em seus processos de desenvolvimento e aprendizagem, ajudando-nos, como educadores, a ampliar a consciência de nossas ações, chamando-nos a nos envolver/comprometer com eles e elas.

Nos encontros de formação, fazíamos experimentações de registros, com socialização e discussão sobre seu conteúdo. A proposta de um dos encontros, por exemplo, foi que as professoras registrassem, através de um pequeno vídeo, alguma parte do cotidiano pedagógico. Na oportunidade, as professoras do Grupo de Referência da Educação Infantil (Grei) 2A registraram uma atividade de leitura. No vídeo apresentado no encontro, observamos a chegada de uma professora com sua caixa de livros. As crianças, em roda, aplaudiam, riam e cantarolavam uma música que anunciava sua chegada. A docente brincava com as crianças, abrindo e fechando a caixa várias vezes, perguntando o que teria ali dentro, como quem anuncia algo ainda desconhecido, provocando a curiosidade. As crianças entravam no jogo, balançavam seus corpos de contentamento, tentavam abrir a caixa, fazendo de conta. Elas, que participavam muitas vezes de ações de contação de histórias, já sabiam que ali estavam uma nova história, um bom livro e muita diversão. Vimos um processo interativo riquíssimo, entre as crianças e das crianças com a professora, em torno da caixa, antes mesmo da leitura, que seria o objetivo principal.

O vídeo compartilhado nos permitiu pensar sobre o quanto a roda de leitura para crianças de 2 anos é possível e, mais do que isso, pode ser absolutamente interessante. A estratégia utilizada pela professora mostrava que ela conhecia bem o grupo, que havia se preparado para estar com eles e que o vínculo construído os mobilizava para a ação proposta. Assim, a discussão nos ajudou a compreender que o registro videográfico é também um importante instrumento para pensarmos sobre o fazer pedagógico, uma vez que revela crianças e professores em ação, dá visibilidade à forma como se pensa e se propõe situações de interações e brincadeiras, base da proposta curricular da educação infantil.

Com objetivos claramente pautados, íamos avançando, escrevendo, fotografando, gravando, dialogando entre pares, com a equipe de articulação pedagógica, com a professora da universidade que coordenava o projeto de formação e também com sua bolsista, com as crianças e suas famílias, entendendo cada vez mais que o registro é documento e instrumento de trabalho do professor; é instrumento que qualifica sua prática, permite conhecer a criança e ajuda a redimensionar o planejamento.

Outro elemento da prática pedagógica foi se constituindo e assumindo um importante lugar em nossa Umei: os murais. Os murais são fontes e pontes de diálogos com as diferentes pessoas que circulam pela escola, por isso é importante ter clareza do objetivo daquilo que vamos expor. É um importante veículo de comunicação, sobretudo com as famílias. Os murais são também documentação que fala sobre a proposta da escola e seus objetivos educacionais, revelando processos e intenções. No estudo sobre registro e documentação pedagógica, aprendemos, com os educadores de Reggio Emilia, na Itália, que a documentação cumpre pelo menos três grandes funções:

> (...) oferecer às crianças uma memória (...); oferecer aos educadores uma ferramenta para pesquisa e uma chave para melhoria e renovação contínua; e oferecer aos pais e ao público informações detalhadas sobre o que ocorre nas escolas, como um meio de obter suas reações e apoio. (Edwards, Gandini e Forman 1999, p. 25)

Nessa direção, fomos construindo orientações para a composição dos murais: os trabalhos expostos deviam contar com um título e um pequeno texto informativo, explicando sobre a atividade que deu origem àquela produção, oferecendo aos espectadores o contexto da produção e/ou trabalho das crianças compartilhado naquele espaço expositivo; não era preciso, necessariamente, apresentar atividades de todas as crianças ao mesmo tempo, mas o importante seria escolher o que mostrar, dentre as atividades realizadas a cada semana ou quinzena; o professor precisava cuidar para que os trabalhos fossem expostos com beleza e revelassem as marcas das crianças, sua autoria.

Preocupamo-nos com o cuidado e a qualidade estética dos murais, prezando a utilização de materiais reciclados, tecidos, papelão, abrindo mão de materiais frios e pobres em suas possibilidades sensíveis, como o E.V.A. ou o plástico. O coletivo tem apoiado essa iniciativa e temos avançado em composições significativas, que revelam as crianças. Entretanto, nota-se que, na maioria das vezes, a exposição refere-se apenas ao fim de um processo, referendando a prática comum das escolas: mostrar-se o produto. No decorrer dos estudos sobre documentação pedagógica, temos discutido que um mural pode ser usado para expor fotos de uma atividade que está sendo vivenciada, para comunicar detalhes ou momentos específicos de um projeto que está acontecendo, contar, por meio de texto escrito, o que está sendo planejado, as ideias que estão sendo discutidas com as crianças sobre o que fazer em um determinado projeto no qual a turma esteja envolvida etc.

Ainda que notemos esse limite em mostrar mais o produto do que o processo, ao mesmo tempo os murais já são utilizados para convidar as famílias para festas ou outras atividades ampliadas, para compartilhar alguns registros de falas das crianças sobre uma atividade especial, como a apresentação teatral ocorrida na escola. Aos poucos, os sentidos dos murais se ampliam, com a compreensão de que eles contam a história da escola, da turma. Contam ainda as concepções em que acreditamos, mesmo que não tenhamos clareza delas.

Em 2016, começamos a construir um *blog* (umeirosaldapaim.blogspot.com) como uma outra ferramenta, um importante recurso pedagógico no qual registramos o trabalho desenvolvido na Umei, postamos algumas propostas, artigos que nos ajudam a refletir sobre a prática pedagógica que envolve crianças tão pequenas, e, assim, vamos compartilhando nossos fazeres e ampliando a comunicação para além dos muros da escola.

Tratando-se de comunicação e compartilhamento das experiências com a comunidade, anualmente realizamos a "Mostra Pedagógica", quando temos a oportunidade de dar visibilidade ao trabalho desenvolvido na Umei. Esse momento cria, com outros sujeitos que circulam pelos corredores e salas, um rico canal de comunicação sobre crianças, educação infantil, conhecimento e desenvolvimento infantil. O próprio movimento de preparação para essa data leva adultos e crianças a revisitar o processo vivido, as aprendizagens construídas, relembrar, perceber, buscar na memória e na documentação registrada até então, o que viveram e/ou experimentaram, para selecionar o mais significativo ao longo do processo e que desejam mostrar, compartilhar.

Ao término do ano, utilizando-se de toda a documentação pedagógica construída, as duplas de professoras de cada grupo de referência fazem uma retrospectiva do trabalho. Com base nos relatórios de grupo elaborados para conversar com os pais, que os recebem ao final do encontro, preparam *slides* e trazem para a roda de conversa, no encontro de formação, questões que estiveram presentes ao longo do ano, material para discussões. Na socialização de ideias, torna-se mais um momento de avaliação da prática pedagógica.

Após as apresentações, que instigam o grupo de professores a refletir sobre as questões trazidas pelos colegas, tecemos comentários acerca do trabalho desenvolvido, já encaminhando para uma avaliação final, com algumas projeções para o ano seguinte, sem perder de vista a proposta que nos move: as crianças.

Vídeos, filmes, fotos, cadernos de campo, cadernos de registro, murais, relatórios, anamneses, atas e *blog* são instrumentos de registros. Transformar tais registros em documentação pedagógica ainda é um grande desafio que estamos perseguindo. Pensar cotidianamente sobre os registros que fazemos e sobre como documentamos os processos com as crianças é um desafio que se impõe. Estudar, refletir, intervir é um compromisso que assumimos nessa unidade escolar. E, nesse sentido, escrevermos sobre o que vivemos é uma forma de nos reconhecermos como parte desse processo, deixando assim nossas marcas.

Considerações finais

O diálogo com a universidade, especialmente nos encontros de formação continuada, incrementou a discussão que tomou conta da Umei I e foi aos poucos incentivando e provocando cada professora a escrever com maior autoria. Ao longo de 2016, por exemplo, pudemos observar uma qualidade maior nos relatórios individuais e de grupo que foram elaborados a cada semestre; vislumbramos, no conteúdo e na forma, o olhar mais atento sobre o que acontecia no dia a dia da escola, o crédito dado ao que as crianças diziam e a preocupação em escrever o que se observava; todos os materiais produzidos e os diferentes tipos de registros dos processos vividos ao longo do período subsidiaram a escrita de tais relatórios, que realmente passaram a dar visibilidade ao trabalho desenvolvido na Umei narrando as vivências e os conhecimentos que cada criança construía, abordando seu jeito de ser criança, com muito mais riqueza e propriedade.

Assim como para os professores, a necessidade do registro e da documentação pedagógica também se evidenciou para a equipe de articulação pedagógica da escola. O exercício de elaboração do presente capítulo evidencia nosso caminho de aprendizagem. Por meio dos registros, vamos tecendo a possibilidade de contar um pouco da história da Umei Rosalda Paim, que é também a nossa história de educadoras. Aprendendo e exercitando a prática da documentação, seguimos avaliando o caminho percorrido, traçando novos rumos, ressignificando nosso projeto político-pedagógico. Com registros e documentações, vamos contando do vivido, de limites e possibilidades, aumentando muitos pontos na jornada coletiva de fazer educação infantil respeitando e ouvindo as crianças. Registrar e documentar ajuda-nos a reafirmar essa visão positiva e potente de criança:

> Crianças pequenas são seres humanos portadores de todas as melhores potencialidades da espécie: inteligentes, curiosas, animadas, brincalhonas em busca de relacionamentos gratificantes, pois descobertas, entendimento, afeto, amor, brincadeira, bom humor e segurança trazem bem-estar e felicidade; tagarelas, desvendando todos os sentidos e significados das múltiplas linguagens de comunicação,

por onde a vida se explica; inquietas, pois tudo deve ser descoberto e compreendido, num mundo que é sempre novo a cada manhã; encantadas e fascinadas, solidárias e cooperativas desde que o contexto a seu redor, e principalmente, nós adultos\educadores, saibamos responder, provocar e apoiar o encantamento, a fascinação que leva ao conhecimento, à generosidade e à participação. (Brasil 1998, p. 6)

Referências bibliográficas

BENJAMIN, W. (1994). *Magia e técnica, arte e política*. São Paulo: Brasiliense. (Obras Escolhidas, v. I)

BRASIL (1998). *Diretrizes curriculares nacionais para a educação infantil*. Parecer CNE/CEB 022/98. Brasília.

______ (2009). *Diretrizes curriculares nacionais para a educação infantil*. Brasília: MEC/SEB.

EDWARDS, C.; GANDINI, L. e FORMAN, G. (1999). *As cem linguagens da criança: A abordagem da Reggio Emilia na educação da primeira infância*. Porto Alegre: Artmed.

FREIRE, M. (2008). *Educador, educa a dor*. São Paulo: Paz e Terra.

GANDINI, L. e GOLDHABER, J. (2002). "Duas reflexões sobre a documentação". *In*: GANDINI, L. e EDWARDS, C. (orgs.). *Bambini: A abordagem italiana à educação infantil*. Porto Alegre: Artmed, pp. 150-169.

HERNANDEZ, F. e VENTURA, M. (1998). *A organização do currículo por projetos de trabalho: O conhecimento é um caleidoscópio*. Porto Alegre: Artmed.

OSTETTO, L.E. (2012). "Observação, registro, documentação: Nomear e significar as experiências". *In*: OSTETTO, L.E. (org.). *Educação infantil: Saberes e fazeres da formação de professores*. 5ª ed. Campinas: Papirus, pp. 13-32.

OSTETTO, L.E.; OLIVEIRA, E.R. e MESSINA, V. da S. (2001). *Deixando marcas... A prática do registro no cotidiano da educação infantil*. Florianópolis: Cidade Futura.

WARSCHAUER, C. (1993). *A roda e o registro: Uma parceria entre professor, alunos e conhecimento*. Rio de Janeiro: Paz e Terra.

4
CRIANÇAS, NATUREZA E SERES DESIMPORTANTES

Marina Coelho
Suiany Sousa

Para situar o texto

O capítulo apresentado nas linhas a seguir conta a experiência de um grupo composto por crianças de 4 e 5 anos e suas professoras – o Grupo de Referência da Educação Infantil 4A (Grei 4A), da Unidade Municipal da Educação Infantil (Umei) Rosalda Paim, situada no centro de Niterói –, no primeiro semestre de 2016, analisando a trajetória de investigação e descobertas realizadas pelo mergulho em um mundo pouco explorado e observado pelos adultos: os pequenos seres, as coisas ínfimas do chão, a natureza em sua amplitude.

Um olhar curioso pela janela da sala do grupo, no início do ano letivo, uma observação demorada das crianças sobre o espaço externo, a atenção voltada para uma árvore enorme, cujos galhos pareciam beijar os vidros, indicavam que ali havia um foco de interesse. Acompanhando brincadeiras e interações na sala também identificamos a frequência com que se organizavam em volta da caixa de brinquedos que continha reproduções de insetos e seus nomes.

As duas situações observadas e narradas confirmam que as crianças são curiosas e grandes pesquisadoras, mexendo e explorando tudo o que veem. Como professoras, pensamos em potencializar o olhar, a curiosidade e o interesse observados, organizando tempos e atividades que ampliassem suas possibilidades de fazer suas próprias pesquisas, brincando em espaços ao ar livre e/ou envolvidas com elementos da natureza. Entendemos que dessa forma enriquecem suas vivências, interações e experiências.

Encontramos no poema "O apanhador de desperdícios", de Manoel de Barros, um fundo especial para as rodas de conversa, enchendo de inspiração os nossos dias e incentivando poeticamente nossas buscas e experimentações.

Uso a palavra para compor meus silêncios.
Não gosto das palavras
fatigadas de informar.
Dou mais respeito
às que vivem de barriga no chão
tipo água pedra sapo.
Entendo bem o sotaque das águas.
Dou respeito às coisas desimportantes
e aos seres desimportantes.
Prezo insetos mais que aviões.
Prezo a velocidade
das tartarugas mais que a dos mísseis.
Tenho em mim esse atraso de nascença.
Eu fui aparelhado
para gostar de passarinhos.
Tenho abundância de ser feliz por isso.
Meu quintal é maior do que o mundo.
Sou um apanhador de desperdícios:
Amo os restos

como as boas moscas.
Queria que a minha voz tivesse um formato de canto.
Porque eu não sou da informática:
eu sou da invencionática.
Só uso a palavra para compor meus silêncios.
(Barros 2003, s.p.)

Foi assim que no desenrolar do semestre nos envolvemos com os "seres desimportantes", dos quais o poema fala. O envolvimento se deu a tal ponto, que iniciamos uma coleção de insetos: tudo o que íamos encontrando pelo caminho era recolhido, estudado, analisado e mantido na coleção que se formava. E assim começou uma grande aventura! A construção do "Insetário" envolveu todas as crianças e seus familiares, atingiu outras professoras da escola e também os funcionários, que nos traziam preciosas colaborações. Com isso, a dinâmica da turma mudou, muitas propostas começaram a acontecer, gerando a construção de experiências coletivas e novos saberes, como uma coleção de elementos encontrados na natureza, que resultou no "Coisário Elemental" e na "TV Inseto".

Tudo começa com a observação das crianças: Onde estão seus interesses?

Coloque-se de lado por um momento e deixe espaço para aprender, observe cuidadosamente o que as crianças fazem e então, se você entendeu bem, talvez ensine de um modo diferente de antes.
Loris Malaguzzi (1999, p. 93)

Nos primeiros dias do ano, percebemos algumas crianças observando uma árvore que podia ser vista da janela da sala. Apesar de a maioria das crianças já ser da escola, o espaço era novo, pois especificamente naquela sala era a primeira vez que ficavam. Era visível que se surpreendiam com o tamanho da árvore, tão próxima a nossa janela. Vista daquele ângulo, parecia que seus galhos beijavam a janela, e também havia pássaros, que vinham visitá-la. Observadoras e curiosas que são, as crianças não ficaram indiferentes aos elementos que nos rondavam: olhares, e todos os sentidos, voltaram-se para aquela janela, aquele pequeno mundo desconhecido que se anunciava para ser visto e admirado, com seus galhos, folhas verdes e pássaros.

Após um tempo de observação das crianças na janela, registrando suas ações, perguntas, seus interesses e movimentos, avaliamos que seria interessante propor e planejar uma exploração à área verde da escola, o que poderia potencializar o interesse demonstrado, abrindo novas possibilidades de pesquisa. O que chamamos de área verde é uma área pequena localizada na lateral da escola, praticamente o único espaço aberto à natureza, com terra, pequena plantação de mamão, matinhos e algumas árvores. Por ser um local acidentado, com declives no terreno, o espaço não é de livre acesso. Porém, seja como for, pequeno ou grande, plano ou inclinado, para as crianças qualquer espaço com terra e mato se agiganta, é aventura.

Na nossa primeira expedição à área verde, levamos lupas, sacolas e combinamos na rodinha, antes de sairmos, que iríamos explorar o espaço, pesquisando e selecionando folhas para uma investigação posterior.

Expedição à área verde. Crianças do Grei 4A. Umei Rosalda Paim, 2016.

Chegando lá, as crianças se espalharam. Quando encontravam algo que consideravam interessante, como o caminho das formigas, as frutas caídas no chão, mosquitinhos rondando as frutas caídas, empolgadas, elas nos chamavam para nos mostrar e questionar: "As formigas vão pra onde?"; "As moscas comem essa fruta?". Embora, durante a exploração, conversássemos com elas, acolhendo suas indagações e expondo o que sabíamos, registrávamos suas impressões, seus comentários e perguntas, para problematizar e aprofundar o assunto num momento posterior, em sala.

Nesse período, também observamos que, ao brincarem com as caixas de brinquedos temáticos,[1] as crianças permaneciam muito tempo com a caixa dos insetos, agrupando-os por tipo, cor e tamanho, de acordo com as suas percepções. Além disso, procuravam os insetos iguais aos das imagens que acompanhavam o *kit*. Ficavam muito tempo envolvidas com essa atividade, revelando para nós o crescente interesse pelo mundo dos pequenos animais.

As crianças, em suas brincadeiras, nas perguntas que formulam, na maneira de interagir com o mundo a sua volta, expressam curiosidade e movem-se como grandes pesquisadoras. Exploram tudo o que veem como pequenos cientistas. Garantir, nas práticas pedagógicas com as crianças, experiências que incentivem a exploração, a curiosidade e o encantamento é um aspecto assinalado pelas *Diretrizes curriculares nacionais para a educação infantil*:

> Art. 9º As práticas pedagógicas que compõem a proposta curricular da Educação Infantil devem ter como eixos norteadores as interações e a brincadeira, garantindo experiências que: (...) VIII – Incentivem a curiosidade, a exploração, o encantamento, o questionamento, a indagação e o conhecimento das crianças em relação ao mundo físico e social, ao tempo e à natureza; (...) (Brasil 2009, p. 4)

---

1. Em nossa Umei, organizamos algumas caixas com brinquedos por temas, que circulam por todas as turmas, tais como: *kit* festa de aniversário, *kit* casinha em miniatura, *kit* carrinhos, *kit* insetos, *kit* aventura, *kit* praia, entre outros. Durante a semana, cada turma tem um horário específico para utilizar as caixas de sua preferência, de acordo com o planejamento do grupo.

Diante dessa compreensão e com as primeiras atividades de reconhecimento da área verde, estávamos começando a desenhar o planejamento dos meses seguintes de trabalho com o grupo. Para potencializar essa condição infantil de pesquisadoras e exploradoras, assumimos a tarefa de criar condições para que as crianças fizessem suas próprias pesquisas na área verde, planejando tempo e espaço para brincarem ao ar livre, nas áreas disponíveis pertencentes à escola, possibilitando que se envolvessem com elementos da natureza, enriquecendo, dessa forma, suas interações e experiências.

Em nossa Umei, o planejamento pedagógico de cada turma é desencadeado pela elaboração de mapas conceituais, teoricamente compreendidos como

> estruturas esquemáticas que representam conjuntos de ideias e conceitos dispostos em uma espécie de rede de proposições, de modo a apresentar mais claramente a exposição do conhecimento e organizá-lo segundo a compreensão cognitiva do seu idealizador. (Silva 2016, p. 1)

Ou seja, o planejamento é constituído por exercícios de mapeamento de caminhos e possibilidades para desenvolver propostas de experiências e conhecimentos partindo de um tema inspirador geral, definido no projeto político-pedagógico de cada ano, para o coletivo da Umei.

Como dizem as pedagogas que dialogam e contribuem com nosso trabalho pedagógico, um mapa conceitual é um grande caleidoscópio, uma teia, com fios/listas de possibilidades (conteúdos, assuntos, subtemas) que vão sendo articulados entre si e que oferecem um caminho para o planejamento. No decorrer dos dias, o mapa inicialmente traçado pode ser modificado, sobretudo com a contribuição das crianças e também com nossas observações.

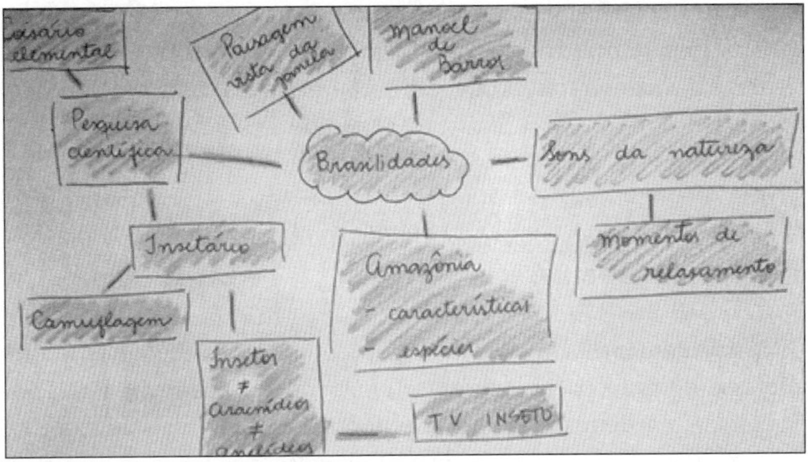

Mapa conceitual Grei 4A. Umei Rosalda Paim, 2016.

Para tecer um mapa conceitual e planejar a ação pedagógica, é fundamental registrar, desde o início do período letivo, as falas e as curiosidades manifestadas pelas crianças, observando-lhes o interesse.

Falando da importância do registro para o planejamento e a qualidade da prática pedagógica na educação infantil, diz a professora Luciana Ostetto (2015, p. 205):

> É preciso aguçar o ouvido e refinar o olhar para poder acolher mensagens e indícios expressivos das crianças – suas produções, manifestações, preferências. Aprender a ver além do aparente, construir um olhar implicado é imperioso. Sendo assim, o registro torna-se um instrumento que pode oferecer um caminho possível para tais aprendizagens, ajudando a ampliar a visão, todos os sentidos, para reconhecer e qualificar os processos singulares de meninas e meninos se constituindo enquanto tais nas relações que estabelecem com o entorno.

O início do ano com um grupo demanda ainda mais esse olhar aguçado e todos os sentidos abertos para o professor conhecer cada criança. Pensando em possíveis planejamentos, sonhando caminhos para seguir com meninos e meninas do novo grupo, confirmamos na prática a importância da observação e do registro. Foi por meio de nossos olhares e do diálogo com as crianças que nosso mapa conceitual, traçado e conectado em rede de interesses e possibilidades, foi se constituindo.

Do mapa conceitual à jornada em busca de seres desimportantes

Inicialmente, em nosso mapa conceitual consideramos que o interesse do grupo pela natureza e afins poderia nos levar a estudar os biomas brasileiros, caminho que poderia nos conectar, de maneira coerente e produtiva, com as diversas linguagens, a brincadeira e as interações, eixos previstos nas DCNEI/2009, levando em conta também os eixos orientadores da proposta pedagógica da Umei, presentes em seu projeto político-pedagógico: literatura, música e escola verde.

Todavia, notávamos que as crianças estavam se envolvendo cada vez mais com os "seres desimportantes", conhecidos no poema de Manoel de Barros, sobretudo durante as visitas à área verde, que foram sendo planejadas em muitos outros momentos. Como não perceber o encantamento das crianças diante de perguntas como: "Por que as formigas estão andando na parede?"; "Que bicho é esse?" (apontando para um percevejo) (Caderno de registro, 2016). Acolhendo o interesse manifestado na curiosidade e nas perguntas das crianças, que cada vez mais queriam saber detalhes sobre os bichinhos que encontravam, começamos uma grande aventura.

Dadas essas observações, o nosso mapa conceitual do primeiro semestre foi se encaminhando para pesquisas sobre os animais de jardim. Durante o processo de planejamento, em uma das inúmeras conversas com a equipe pedagógica, ouvimos o relato da nossa diretora-adjunta sobre sua experiência com um grupo do ensino fundamental. Ela contou que uma professora havia organizado uma coleção de insetos com as crianças. Inspiradas nesse relato, pensamos na possibilidade de elaborar uma coleção de insetos também com o nosso grupo de educação infantil. Sentimo-nos desafiadas e encantadas com a ideia. Como bem disse o pedagogo italiano Loris Malaguzzi (1999), o professor deve manter o mesmo senso de encantamento e curiosidade das crianças, para poder com elas trabalhar e potencializar suas linguagens.

Para a construção dessa coleção de insetos, utilizamos uma caixa organizadora transparente com divisórias que já possuíamos na sala, pedaços de isopor e pequenos alfinetes para prendermos os bichinhos.

Recebemos nosso primeiro inseto, trazido por uma das professoras, moradora da Região Oceânica de Niterói. Ao presentear o grupo com aquele inseto verde, ela relatou que seu gato gostava de brincar com bichinhos como aquele, que costumavam aparecer no seu quintal. Naquele dia, a roda de conversa girou em torno do inseto verde. Com curiosidade, as crianças tentavam identificá-lo. Ao atribuírem vários nomes ao inseto, elas revelavam que sabiam muito de insetos, conheciam espécies parecidas com aquele exemplar que estava a nossa frente. Registramos no quadro os nomes citados e depois transferimos para o blocão (recurso que utilizamos para registro gráfico – palavras ou desenhos – de falas das crianças, suas histórias, reconto de outras histórias, textos coletivos, observações etc.).

> – É um grilo!
> – É uma esperança!
> [Alguém citou que era o gafanhoto.]
> – Esse bicho é um louva-a-deus? (Blocão, 2016)

Mas... O que realmente seria? Precisávamos pesquisar!

Nós, professoras, trouxemos informações de *sites* e livros. Já as crianças socializaram revistas e enciclopédias que tinham em casa. A partir do conteúdo levantado, formamos fichas com fotos, contendo as principais informações dos quatro animais citados e anotados (grilo, esperança, gafanhoto, louva-a-deus). Descobrimos seus nomes científicos (nomes bem estranhos, falavam as crianças), hábitos alimentares e algumas curiosidades sobre o comportamento de cada um e sua fisiologia. Ao compararem as fichas com o tal inseto verde, as crianças chegaram à conclusão de que aquele inseto era um gafanhoto, mas que existiam espécies de gafanhotos marrons também, que mais tarde receberíamos.

Crianças observando e comparando os insetos coletados.

Conforme os insetos – ou não insetos – chegavam, íamos problematizando os que geravam maior curiosidade ou dúvida, pois a coleção estava crescendo, e logo vimos que não conseguiríamos estudar todos eles. Sendo assim, aprofundamos as nossas pesquisas apenas nos bichinhos pelos quais as crianças demonstravam um interesse maior.

O gongolo, quando chegou, causou muita dúvida e curiosidade. Como já tínhamos informações sobre a constituição do corpo dos insetos, a quantidade de patas e antenas, as crianças ficaram em dúvida se aquele seria ou não um inseto. Rapidamente, concluíram que o gongolo não podia ser um inseto, pois seu corpo não tinha três partes nem seis patinhas. Explicamos na roda de conversa que o gongolo era um anelídeo e recebia esse nome porque tinha o corpo coberto de anéis, as voltinhas que podíamos observar.

Até que... chegaram três aranhas! E então ficamos um bom tempo envolvidos com as diferenças entre insetos e aracnídeos, além de pesquisarmos muitas curiosidades sobre as aranhas. Lançamos a pergunta "Como a aranha faz a sua teia?", para levantarmos as hipóteses das crianças. As falas, bem interessantes, demonstravam o pensamento das crianças na tentativa de compreender o fenômeno, de responder à questão-provocação formulada.

> – Ela faz a teia com o pé. (Paulo)
> – Eu acho que sai pela barriga. (John)
> – Eu acho que a teia sai pela boca. Ela faz a teia com as comidas que ela come. Ela gosta de comer moscas. (Kayke)
> – A teia é feita de poeira. (Francisco)
> – A teia é pra ela pular e amarrar em algum lugar. (John)
> – A teia serve pra ela subir na parede. (Dângelo)
> – Porque a teia dela tem muitas coisas grudentas, aí fica preso bicho nela. Ela pega com a pata e bota na boca. (Francisco)
> – Ela come abelha? (John) (Caderno de registro, 2016)

Fomos em busca de materiais para comprovação ou não dessas hipóteses. Assistimos a filmes e documentários – *Vida de inseto*; *Bee movie*; *O melhor documentário do mundo sobre insetos*; *FormiguinhaZ*; *Lucas, um intruso no formigueiro* –, e também procuramos em livros que traziam ilustrações de variadas espécies. Apesar de a aranha não ser inseto, seu modo de vida envolveu todos na busca pelo conhecimento sobre seus hábitos, o que nos levou a muitos registros e textos coletivos.

Nossos registros coletivos são elaborados no quadro-branco e depois, junto com o grupo, passados a limpo no blocão. Gostamos de registrar as falas, as reações, os questionamentos, pois, assim, quando escrevemos no blocão, podemos reutilizar esses registros, além de mostrar que podemos retomar a escrita nos momentos em que precisamos.

Segue o exemplo de um desses textos coletivos produzidos, desenvolvido em torno da aranha e de situações vividas pelo grupo.

A fuga das aranhas

A mãe do Dângelo trouxe três aranhas de banheiro num potinho. Elas estavam vivas! A gente descobriu nesses dias que as aranhas fazem as teias, mas elas não andam em todos os fios porque senão podem ficar grudadas também. Se cair uma mosquinha elas enrolam ela toda e chupam só o sangue.
Aí quando a gente estava vendo as aranhas pelo pote na rodinha, Pedro abriu a tampa e as aranhas fugiram pela sala. Todo mundo correu pra cima da mesa e Tia Sol e Tia Marina ficaram tentando pegar as aranhas. Foi muito engraçado! Rimos muito! Quando descemos para o parquinho, contamos pra todo mundo da escola o que aconteceu.

(Texto coletivo – Blocão, 2016)

As crianças realmente se envolveram com o projeto. Um belo dia, estávamos recebendo pais e crianças na entrada da sala, quando um menino chegou com uma barata, morta, na mão. Sim, ele trazia um inseto! Aliás, um dos insetos que mais fazem parte da nossa vida cotidiana nas áreas urbanas. Foi um alvoroço na porta da sala! Assim que as coisas se acalmaram, após essa entrada triunfal do menino com a barata na mão, conversamos cuidadosamente com ele, dizendo que a barata era "suja", vivia no esgoto e comia restos. Ele nos olhou e calmamente respondeu: "Mas eu lavei ela!". Só depois retomamos o assunto, com todo o grupo, na roda de conversas que, obviamente, nesse dia teve a barata como o centro das atenções. A presença desse inseto comum gerou conversas profundas sobre saúde, cuidados com o próprio corpo, alimentação, higiene, e trouxe à tona a diferença entre os insetos que se alimentam de plantas e vivem nos jardins, e os que se alimentam de restos estragados e vivem nos esgotos. Em nossa coleção, a barata "de verdade" foi substituída por uma de plástico e todos compreenderam bem o motivo, que consistia na diferença entre os hábitos de alguns insetos.

Passado o tempo, nosso "Insetário" ficou com todos os espaços da caixinha ocupados, o que deixou todo mundo muito orgulhoso. Quando tivemos essa ideia, não imaginávamos que conseguiríamos reunir uma variedade tão grande de bichinhos. E as crianças demonstravam enorme carinho e zelo por eles, sempre contando as novidades a seus responsáveis e aos visitantes que vinham à nossa sala. Numa ocasião, recebemos uma estagiária e um dos meninos a pegou pela mão e a levou até o "Insetário". Lá, ele lhe apresentou, orgulhoso, nossa coleção, explicando que "o gongolo não era inseto, mas um anelídeo e ele só está aqui porque todos gostaram muito dele" (Caderno de registro, 2016).

Recebemos também outros animais vivos, além das aranhas citadas anteriormente. Um dos familiares trouxe duas larvas de um pequeno besouro, e duas professoras trouxeram lagartas diferentes. Fizemos observações diárias e muitas hipóteses surgiram sobre o que iria acontecer. Registrávamos o processo no quadro-branco e no blocão.

Durante o período de observação das larvas, nas rodas de conversa, fizemos muitas descobertas até as transformações seguintes, como o grande acontecimento da formação dos casulos e o emocionante nascimento da borboleta e do besouro dentro da sala. Como foi dito anteriormente, recebemos duas lagartas. Uma realizou todo o processo de metamorfose e a outra provavelmente tenha chegado para o grupo adoecida e não sobreviveu; contudo, antes de ela morrer "de verdade", quando estávamos apenas achando que havia morrido, fomos anotar algumas hipóteses sobre aquela "morte". Durante a atividade, a lagarta se mexeu e pudemos ouvir um menino gritar: "Ela ressuscitou! Igual a Jesus!". Essa criança costumava dividir com o grupo sua vida religiosa, suas idas ao culto etc., e talvez por isso as crianças não tenham questionado sua exclamação. Sua reação foi muito espontânea, e o momento parecia não precisar de outras falas, nem de explicações.

Acompanhar as transformações das larvas foi uma experiência fantástica. Todos ficaram muito empolgados quando a borboleta e o besouro nasceram. Houve pulos, gritos, palmas, enfim, muita alegria. Fizemos dois rituais, um para o besouro e outro para a borboleta. Escolhemos nomes por meio de votação e os soltamos na área verde da Umei, agora muito frequentada por todos nós. A borboleta se chamou Belíssima Amarelíssima e o besouro se chamou Bernardo. Foram dias inesquecíveis, cheios de descobertas e emoções.

Nosso "Insetário" não teria ganhado essa configuração se não fossem o grande envolvimento e a enorme colaboração dos familiares, funcionários e professoras da unidade. Acreditamos que trocas como essas beneficiam tanto as nossas crianças pequenas como todos os envolvidos no processo de aprendizagem. De acordo com Carraro (2006, p. 31), "a qualidade da Educação Infantil depende, cada vez mais, da parceria entre a escola e a família. Abrir canais de comunicação, respeitar e acolher os saberes dos pais e ajudar-se mutuamente".

"Insetário". Grei 4A. Umei Rosalda Paim, 2016.

Durante esse período, era igualmente notável o grande interesse da turma por outros elementos encontrados na área verde, como gravetos, folhas secas, terra, pedrinhas etc. Como já tínhamos iniciado a coleção de insetos, imaginamos que seria interessante colecionarmos elementos naturais. E foi surgindo nossa coleção de "coisas" encontradas na natureza. Quando perguntamos qual nome poderia ter aquela nova coleção, uma criança gritou "Coisário", para rimar com "Insetário". A sugestão foi acatada pelo grupo, à qual acrescentamos a palavra "elemental" para nos referirmos aos elementos naturais. Então, assim surgiu o "Coisário Elemental".

Como nos indica o estudioso da cultura da infância Gandhy Piorski (s.d.):

> Existem estudos que já mostram que as crianças que se relacionam com materiais naturais desenvolvem a sua formação sensorial, ampliam a capacidade de imaginar, aumentam a sensibilidade e a dimensão do universo natural e ambiental, aumentam a alteridade de perceber o outro.

Notamos que ter o "Coisário Elemental" numa sala de educação infantil possibilita maior variedade para o brincar criativo, pois há diferentes elementos para inventar e construir com eles, ampliando o acervo de brinquedos para além dos brinquedos estruturados, geralmente de plástico. Uma folha, por exemplo, pode virar um prato, e pedrinhas, o alimento. Além, é claro, de essas atividades favorecerem o uso da imaginação e revelarem a criatividade da criança, pois, "quando a imaginação da criança encontra a natureza, ela se potencializa e se torna imaginação criadora! A natureza tem a força necessária para despertar um campo simbólico criador na criança" (Piorski s.d.).

Como suporte para expor nossa coleção de coisas, utilizamos uma sapateira de plástico transparente, fixada na parede da sala, na altura das crianças. Os materiais naturais eram recolhidos pelas crianças na escola, mas elas também os traziam de casa, da rua, de passeios que faziam. À medida que as coisas iam chegando, nós íamos agrupando-as em cada espaço da sapateira, separando-as por grupos: um espaço só com gravetos, outro com conchas, outro com pedrinhas, um com toquinhos de madeiras e demais variedades de elementos naturais.

Por terem participado ativamente da criação dessa coleção de coisas, as crianças cuidavam daquele canto com muito carinho, preservando-o. A utilização do "Coisário" passou a ser diária. Se brincavam de massinha, logo iam pegar pedaços de madeira, gravetos; se brincavam com as panelinhas, lá estavam elas recolhendo coisas que serviriam para ser as comidas. Vez ou outra, esculturas surgiam com os galhos e pedaços de cordas de sisal. Era lindo de ver.

"Coisário Elemental" e composição com elementos. Grei 4A, 2016.

Chegando ao final do semestre, fizemos uma "TV Inseto" como forma de avaliação das aprendizagens do grupo. Notamos ao longo do período que as crianças chamavam os pais, os estagiários, e as demais pessoas da escola que visitavam nossa sala, para mostrar, orgulhosas, as novidades do "Insetário". Como explicavam com muita desenvoltura, a "TV Inseto" viera como forma de valorizar o envolvimento e registrar os percursos de pesquisa e conhecimento do grupo.

Reutilizamos uma caixa de isopor que encontramos na rua e as crianças a pintaram e decoraram com gravetos do "Coisário" e insetos de plástico que tinham feito parte do Jogo da Camuflagem.[2] Durante as atividades em sala, todas foram repórteres na "TV Inseto", apresentando o bichinho que haviam escolhido. Na hora de gravar, apenas algumas crianças aceitaram ser filmadas, e nesse minidocumentário incluímos as pequenas gravações existentes de momentos marcantes na sala, como o nascimento da borboleta e do besouro.

Fechando um ciclo de aventuras e aprendizagens

O período vivido e aqui apresentado, com suas atividades, seus encontros, suas conversas, suas descobertas, sua alegria e seu entusiasmo, foi muito proveitoso para todos os envolvidos, rico em aprendizagens, tanto para as crianças como para nós, professoras. Ao longo das propostas desenvolvidas, pudemos observar o interesse investigativo das crianças, aprendendo a ouvir e valorizar sua curiosidade e suas demandas.

Foi um trabalho que envolveu a sensibilidade, o olhar atento, o diálogo e, sobretudo, o respeito à infância, compreendendo que

> a educação da criança pequena, isto é, a Educação Infantil, não é uma escola como as outras. A educação Infantil se caracteriza por um duplo compromisso: educar – que não é a mesma coisa que ensinar! – e cuidar. O mais importante de tudo na Educação Infantil é a criança: ela é o centro, ela é nossa razão de existir, e é nossa responsabilidade assegurar seu bem-estar físico e psíquico. (Colinvaux 2011, p. 13)

---

2. O Jogo da Camuflagem foi inspirado numa proposta do curso de extensão oferecido pelo Programa de Alfabetização e Leitura (Proale), da UFF, Ciências na Educação Infantil e Séries Iniciais: Experiências de brincar e aprender. Nosso modelo consiste num pedaço de papelão coberto por um tecido de chita e insetos de plástico, com o objetivo de compreender a função da camuflagem dos insetos na natureza.

Com as crianças, projetando experiências ao longo do ano em que estivemos juntos, aprendendo a observar seus interesses e a ouvir suas perguntas, prestando atenção nos seus modos de brincar e inventar coisas, exercitando o registro para construir memória de seus percursos de aprendizagem, fomos também nos formando.

Reforçamos a importância do entrosamento pedagógico entre nós duas, professoras, desde o início do período letivo, além da grande facilidade de diálogo que permeou o nosso trabalho.

Ampliamos nossos olhares e saberes, experimentando o fazer em parceria com as crianças. Talvez por isso o trabalho tenha sido tão significativo para todos nós. Tão significativo que até foi premiado na Feira Municipal de Ciência e Tecnologia e Inovação de Niterói (2016), ganhando na categoria "Educação Infantil" o III Prêmio Jovem Pesquisador de Niterói.

Referências bibliográficas

BARROS, M. de (2003). *Memórias inventadas: A infância*. São Paulo: Planeta.

BRASIL (2009). *Diretrizes curriculares nacionais para a educação infantil*. Brasília: MEC/SEB.

CARRARO, R. (2006). "A necessária parceria entre a escola e a família". *Revista Criança do Professor de Educação Infantil*, dez. Brasília: MEC/SEB, pp. 31-34. [Disponível na internet: http://portal.mec.gov.br/seb/arquivos/pdf/Educinf/revista42.pdf, acesso em 23/9/2016.]

COLINVAUX, D. (org.) (2011). *Cadernos Creche UFF: Textos de formação e prática*. Niterói: Ed. da UFF.

MALAGUZZI, L. (1999). "História, ideias e filosofia básica". *In*: EDWARDS, C.; GANDINI, L. e FORMAN, G. *As cem linguagens da criança: A abordagem de Reggio Emilia na educação da primeira infância*. Porto Alegre: Artmed, pp. 59-104.

OSTETTO, L.E. (2015). "A prática do registro na educação infantil: Narrativa, memória, autoria". *Revista @mbienteeducação*, v. 9, n. 2, jul.-dez. São Paulo: Unicid, pp. 202-213.

PIORSKI, G. (s.d.). Videoconferência *Criança e natureza: Território do brincar*. [Disponível na internet: http://territoriodobrincar.com.br/, assistida em 31/3/2016.]

SILVA, A.L. da (2016). "Mapas conceituais no processo de ensino-aprendizagem: Aspectos práticos". 14º Conex. Apresentação oral. Resumo expandido. [Disponível na internet: http://nead.uesc.br/arquivos/pedagogia/projetos_educacionais/Mapas_Conceituais_no_Processo_de_Ensino.pdf, acesso em 12/9/2016.]

5
DA ESCUTA DAS CRIANÇAS À INTENCIONALIDADE DO PLANEJAMENTO NA EDUCAÇÃO INFANTIL

Alcione de Lima S. Umbuzeiro
Renata Malafaia

Este capítulo conta histórias de um grupo, formado por 20 crianças e por duas professoras, que, durante o ano de 2015, trilhou caminhos de experiências e aprendizagens significativas na educação infantil. Os meninos e as meninas da turma, com idades entre 5 e 6 anos, eram comunicativos e muito curiosos; assim, geralmente o que estava proposto em nosso planejamento se potencializava na convivência com eles.

Justamente a curiosidade e a livre manifestação das crianças representavam o ponto de partida para o trabalho desenvolvido e aqui compartilhado, pois trazíamos para a sala questões que, de acordo com nossas observações, despertavam o interesse do grupo. Um trabalho assim constituído tem a escuta como papel principal. Lembramos Carla Rinaldi, quando fala da escuta como sensibilidade ao outro, que implica colocar-se em relação, com todos os nossos sentidos, e não apenas com os ouvidos. A pedagoga italiana diz: "Por trás do ato de escuta existe normalmente uma curiosidade, um desejo, uma dúvida, um interesse; há sempre alguma emoção" (Rinaldi 2012, p. 124). Compreendemos, assim, que a observação e a escuta atentas nos levam, como professoras, a acolher cada opinião, a refletir sobre os significados das vozes e dos gestos das crianças, e que, ao ouvi-las, podemos perceber caminhos apontados para seguirmos juntas, potencializando processos e propiciando um espaço maior de trocas, interações e aprendizagens. Da escuta das crianças nasce nossa intencionalidade, marcada no planejamento.

Assim surgiram os temas, assuntos e questões de pesquisas que guiaram nosso planejamento e foram direcionando o fazer pedagógico com as crianças, em participação ativa. Dentre as muitas propostas, atividades e experiências compartilhadas com o grupo, a narrativa que aqui organizamos privilegiou alguns pontos, desde a curiosa situação acontecida no início do ano que desencadeou projetos de trabalho, até o desenvolvimento de experiências e muitos encontros com a arte: com a música, a literatura, a poesia, a pintura.

Mãe-coruja: A expressão que deu o que falar!

> Estávamos no início do ano letivo. Em uma manhã, na hora do acolhimento, em conversa com uma mãe, uma das professoras descontraidamente exclamou: "Essas mães-corujas!". A criança que estava junto à mãe, parecendo meio chateada, retrucou: "Minha mãe não é coruja não!". Ao observarmos a reação da menina, pareceu-nos que a expressão "mãe-coruja", para ela, era algo ruim ou até mesmo feio. A mãe, ao notar a insatisfação da criança, riu e disse: mas ser mãe-coruja é bom! Mesmo após o afago da mãe e a explicação da professora, que ser mãe-coruja era algo que transmitia proteção, preocupação, carinho, a criança continuou dizendo: "Minha mãe não é coruja!". Observamos que ela tentava integrar os aspectos da coruja a sua mãe, que, de acordo com o seu conhecimento prévio sobre a coruja, não era nada encantador. (Trecho do Relatório de grupo, 1º semestre/2015)

Da situação vivenciada, que despertou a curiosidade de várias crianças que estavam por perto e testemunharam a cena, surgiram perguntas e questionamentos sobre o que era ser "mãe-coruja", e um caminho instigante se abriu. No momento oportuno, utilizando o computador que tínhamos na sala, propusemos a pesquisa sobre o significado de "mãe-coruja". Encontramos a página Blog da Coruja (s.d.), que nos esclarece sobre a expressão "mãe-coruja". Segundo o *blog*, há diversas explicações: há quem diga que a expressão surgiu de uma fábula, recolhida pelo francês La Fontaine (1621-1695); outros dizem que é uma fábula portuguesa, e que, no Brasil, ela foi recontada por Monteiro Lobato. Abaixo reproduzimos a fábula encontrada no referido *blog*:

> Coruja e águia, depois de muita briga, resolveram fazer as pazes.
> – Basta de guerra – disse a coruja. O mundo é tão grande, e tolice maior que o mundo é andarmos a comer os filhotes uma da outra.
> – Perfeitamente – respondeu a águia. – Também eu não quero outra coisa.
> – Nesse caso combinemos isto: de agora em diante não comerás nunca os meus filhotes.
> – Muito bem. Mas como posso distinguir os teus filhotes?
> – Coisa fácil. Sempre que encontrares uns borrachos lindos, bem-feitinhos de corpo, alegres, cheios de uma graça especial que não existe em filhote de nenhuma outra ave, já sabes, são os meus.
> – Está feito! – concluiu a águia.
> Dias depois, andando à caça, a águia encontrou um ninho com três monstrengos dentro, que piavam de bico muito aberto. – Horríveis bichos! – disse ela. Vê-se logo que não são os filhos da coruja. E comeu-os. Mas eram os filhos da coruja.
> Ao regressar à toca a triste mãe chorou amargamente o desastre e foi ajustar contas com a rainha das aves.
> – Quê? – disse esta, admirada. – Eram teus filhos aqueles monstrenguinhos? Pois, olha, não se pareciam nada com o retrato que deles me fizeste.

O interesse aumentava, levando-nos a mais pesquisas, a brincadeiras, a conversas sobre o mundo da coruja. Em nossa rotina, as conversas aconteciam em muitos momentos do dia, principalmente na parte da manhã, após o café, que era servido no refeitório às 8 horas e 30 minutos. Era prazeroso voltarmos para a sala e conversarmos na roda, cultivando nossos melhores momentos de encontro e troca, quando então podíamos olhar para todos, brincar juntos ou cantar canções dos mais variados repertórios; sobretudo, era possível ouvi-los, percebendo como estavam se constituindo como grupo. Em uma dessas conversas matinais, o mundo da coruja reapareceu, e várias dúvidas e perguntas foram apontadas:

> – Por que a coruja só vive a noite?
> – Eu não gosto da coruja, ela é feia!
> – A coruja bota ovo? Ela tem bico!
> – A coruja protege os filhotinhos para o gavião não comer!
> – Eu tenho medo da coruja!
> – O que a coruja come? (Caderno de registro, 2015)

Como estávamos no início do ano, tudo era observação e busca: por onde caminhar? O que planejar? O que as crianças estão se perguntando, o que querem conhecer e fazer? Com essa intenção, vislumbramos os movimentos em torno da coruja, e da "mãe-coruja", um assunto que colaborou na construção do nosso projeto de trabalho, começando com o desenho do mapa conceitual.

Aqui é importante assinalar que o mapa conceitual é um instrumento utilizado na Umei Rosalda Paim, que apoia a organização da ação docente, na medida em que permite a antecipação de questões de pesquisa para aprofundar com o grupo, explicitando a intencionalidade do planejamento, com base em um interesse ou em um tema disparador. O mapa conceitual proposto pela unidade de ensino tem como função representar as relações dos conceitos por meio das proposições; ele tem como centro o tema inspirador (estabelecido no projeto político-pedagógico da Umei, a cada ano), com base no qual, linhas de conexões vão se desencadeando, projetando possibilidades, mapeando caminhos. O mapa traçado vai sendo revisto, modificado, ampliado, de acordo com o que foi observado na escuta das crianças, como interesse do grupo, anotando possibilidades de propostas a serem desenvolvidas.

Tendo a coruja como questão geral para o início do trabalho com nosso grupo, identificamos possibilidades de desenvolver interesses por animais noturnos, pelos sons dos animais e os sons da natureza, pela escuridão, a luz, as sombras, pelos diferentes sentimentos.

Literatura, pintura, registros: O mapa em ação

Mediante a curiosidade explicitada, e pretendendo aprofundar a pesquisa sobre a coruja, trouxemos algumas literaturas sobre coruja e animais noturnos, como, por exemplo, o livro *Eu vi, eu juro, um bicho no escuro*, de Fabiano Onça e Tatiana Paiva (2011), que descreve a história de oito personagens com hábitos noturnos, entre eles Julieta, a coruja velha.

Em nossa sala, havia um espaço destinado à literatura (cantinho de leitura, como era chamado pelas crianças); era um local aconchegante, com tapete que construímos com elas, e com almofadas trazidas pelos pais a pedido das crianças, para compor o espaço; havia também um painel na parede, no qual eram anotados todos os livros lidos por nosso grupo. Os livros eram livremente manuseados por meninos e meninas, que recontavam as histórias um para o outro e para o grupo todo; as professoras liam para as crianças e as crianças liam, recontando as histórias com base em suas ilustrações, para as professoras. Era de admirar o quanto procuravam os livros, e como utilizavam aquele espaço! Percebíamos a satisfação e a segurança que tinham ao pegar um livro, reconhecer as histórias e recontá-las. Nesse ato, muitas vezes observávamos as variações que o manuseio e a liberdade de escolha do livro traziam: havia momentos em que as crianças eram fiéis ao autor; outras vezes, porém, introduziam mudanças no texto, a partir de seu olhar atento às figuras; algumas vezes, ainda, as histórias dos livros eram contadas com base em suas próprias vivências pessoais. As crianças revelavam, assim, ser capazes de criar e transmitir inúmeros significados àquelas histórias.

O livro *Eu vi, eu juro, um bicho no escuro* foi levado para o nosso canto da leitura e a história foi recontada pelas crianças inúmeras vezes.

Um trecho do livro do qual todas gostavam, e que por isso ficou marcado na nossa lembrança, era aquele destinado a falar da coruja: "Juju pia – uhuhuh – e arrepia, dá até medo na gente!" (Onça e Paiva 2011, p. 8); quando estavam recontando a história, ao narrarem esse trecho as crianças faziam suspense e imitavam o som da coruja.

A partir de então, em momentos de interações no "cantinho da leitura", inventaram uma brincadeira em que tinham que fazer os sons dos animais, e a maioria votava para saber se estava certo ou não. A pedagoga da escola, ao saber do acontecido, trouxe para nossa sala de referência um audiolivro que foi a sensação! *À noite na floresta* (Pledger 2007), da coleção Sons da Selva, é um livro que apresenta vários animais da selva; ao abri-lo, podem-se ouvir os sons dos animais. A brincadeira partiu da votação, que já faziam, para a experimentação: as crianças imitavam um animal e abriam o livro para descobrir se o som expressado pelo colega era o mesmo do livro.

Nas interações diárias com os animais "noturnos" e os medos da escuridão, trouxemos o livro *O filho do grúfalo* (Donaldson 2008), que narra a história do filhote do grúfalo (um terrível e assustador monstro, criado na imaginação de um ratinho) que desobedece a seu pai e sai na neve em busca do rato mau. O livro, além de abordar o sentimento do medo, ilustra como o ratinho enganou o filhote de grúfalo com a sombra. Inspirados na leitura, brincamos com a luz do sol no pátio, com a sombra, e transformamos a nossa sala em uma grande noite escura, quando então experimentamos fazer sombras com lanternas. Essas brincadeiras nos levaram a conhecer *A incrível sombra de Jack* (Percival 2013), livro que foi muito importante para a nossa sala, principalmente no trabalho que estava sendo construído com uma de nossas crianças, portadora de síndrome de Down.

O menino parecia sentir-se representado naquele livro, que detalhava as peraltices da sombra de Jack. Com o livro nas mãos, que passou a ser seu companheiro inseparável, recontava a história para todos os que chegavam à nossa sala. O menino realmente se apropriou da história, pois, ao recontá-la algumas vezes, utilizava o nome "Jack", outras, o seu próprio nome, dando a entender que ele era o personagem principal da história. A síndrome de Down, mesmo trazendo um ritmo mais lento na aprendizagem, não impede as descobertas na educação infantil, e esse livro foi um caminho para nossa relação e nosso trabalho com esse garoto. Quando ele queria se referir a algo sobre sua família, e que ainda tínhamos dificuldades em compreender (em virtude de sua dificuldade na fala), era no livro que ele se apoiava, apontando a página onde "Jack" estava em família. Quando queria demonstrar que estava triste ou bravo por algum motivo, abria na página em que a sombra ou "Jack" evidenciava esse sentimento. Mas o livro não foi apenas um meio de verbalização na relação entre o menino e o grupo: foi um instrumento de conhecimento, quando, por exemplo, ele percebeu que o nome "Jack" tinha a letra "K", que era a letra inicial de seu próprio nome. Após a descoberta, a reafirmação de que Jack "era ele" só aumentou. Por fim, depois de tanto ouvir e recontar essa história, brincando com as sombras, toda vez que alguém falava a palavra sombra, ele gritava "É o Jack!", em uma clara referência ao livro.

No trabalho que se seguiu, a noite e o dia ganharam destaque: articulando diferentes áreas, pensando no campo das linguagens artísticas, propusemos um trabalho com a obra de Van Gogh *Noite estrelada*. A partir dos conhecimentos e das curiosidades sobre o artista, foram feitas apreciações da referida obra de Van Gogh, a qual levamos para sala, em uma imagem reproduzida, impressa. Juntos, observamos os detalhes da pintura.

> Era possível notar as reflexões através do olhar, das expressões faciais, cada criança expôs a sua leitura da obra. O ponto mais evidente para eles foi a forma com que o pintor destacou a noite e o sentimento de medo que era possível sentir ao olhar para a tela. Questionaram ao perceberem um tom mais amarelado nas estrelas, e uma estrela maior: Será que é o sol? Rapidamente surgiram hipóteses...
> – Não! É de noite!
> – Mas poderia ser de madrugada e o sol já está surgindo!
> – São estrelas! Sendo que uma maior do que a outra!
> Além das hipóteses, outro ponto chamou a atenção: foram as cores, principalmente os tons azuis.

> Uma criança indagou: – São vários azuis-claros! Mas não são todos iguais.
> E rapidamente ser sol ou estrela já não era o assunto a ser descoberto, e sim os tons de azuis.
> – É azul, todos, né professora?
> – Sim.
> – Mas por que são diferentes?
> Consultei a turma, se alguém saberia responder.
> – É porque tem pouca tinta azul e tem mais branca – falou alguém.
> – Então você acha que poderíamos chegar a várias tonalidades de azuis utilizando a tinta branca?
> – Vamos testar! (Caderno de registro, 2015)

As hipóteses viraram experimentos e os experimentos, certezas: com a tinta azul e a tinta branca, de acordo com a quantidade de branco colocada na parte azul, foi possível notar os tons diferenciados de azul-claro. Por meio do experimento e da manipulação com a tinta, observando tonalidades, as crianças pintaram sua própria noite, olhando para a imagem do quadro de Van Gogh, agora fixado na parede da sala.

As experiências com as histórias despertavam inúmeros sentimentos, e, com o passar dos dias, esses sentimentos foram ganhando nomes, lugares, situações, cores. Ganhavam cada vez mais espaço em nossa sala, e nossas observações também se aprofundavam, nos registros que fazíamos e que foram fundamentais para futuras propostas. Quando falávamos de sentimentos, as crianças expressavam-se por meio de palavras, desenhos, frases, que eram anotados no caderno de registro.

Esses registros despertavam em nós a importância da reflexão sobre cada momento vivido: o que deu certo, o que não deu, por que não deu? Nos momentos de incertezas, os registros e a reflexão eram aliados, ofereciam-nos um pouco de segurança para prosseguir e indicavam caminhos. O registro viabiliza o pensar e o repensar da prática pedagógica.

> Por meio do registro travamos um diálogo com nossa prática, entremeando perguntas, percebendo idas e vindas, buscando respostas

> que vão sendo elaboradas no encadeamento da escrita, na medida em que o vivido vai se tornando explícito, traduzido e, portanto, passível de reflexão. (Ostetto 2008, p. 13)

Aprendíamos, ao passar dos dias, que registrar é um exercício essencial para o professor alinhar sua prática: quando escrevíamos o que vivenciávamos, conseguíamos rever a prática, levantar possibilidades e saber onde mudar, onde potencializar, onde acrescentar e o que acrescentar. Segundo Zabalza (2004), o professor aprende ao escrever sobre sua prática, e aprende enquanto constrói sua narração, pois à medida que elabora registros sobre sua experiência vivida, tece narrativas que vão se constituir em reflexão.

Em termos de registro, o blocão (instrumento coletivo, em que se registrava tudo o que era significativo para as crianças na prática diária) foi um recurso criado com a turma: nele, as crianças estavam livres para anotar o que quisessem, por meio de desenhos, letras, fotografias ou outras formas; era um espaço destinado à memória do grupo. O conteúdo do que era anotado no blocão, nós compartilhávamos muitas vezes em nossas rodas de conversas, e podíamos, com ele, relembrar algo que havia passado e que tinha sido até esquecido, mas que ficara registrado para que não se perdesse. As audiogravações foram outro meio encontrado para registrarmos o que era dito – a autenticidade da palavra, da voz, da entonação –, sem perder nenhuma vírgula; todas as audiogravações revelaram-se cheias de sentido e muita emoção. Esses registros contribuíram de forma significativa para a potencialização da qualidade das relações que se davam todos os dias, entre crianças e comunidade escolar, de um modo geral.

Som e silêncio, dia e noite... Experiências musicais

Seguindo um dos temas inspiradores presentes no projeto político-pedagógico da Umei Rosalda Paim para o ano de 2015, a música, levamos para a sala a canção "Certas coisas", de autoria de Lulu Santos e Nelson Motta:

Não existiria som
Se não houvesse o silêncio
Não haveria luz
Se não fosse a escuridão
A vida é mesmo assim
Dia e noite, não e sim.
(...)
Eu te amo calado
Como quem ouve uma sinfonia
De silêncios e de luz
Nós somos medo e desejo
Somos feitos de silêncio e som
Tem certas coisas que eu não sei dizer...

Os trechos da música "dia e noite..." e "se não fosse a escuridão..." nos remeteram às brincadeiras com sombras, aos animais noturnos e, principalmente, aos sentimentos. A música nos inspirou a dar continuidade ao que vínhamos trabalhando. Entramos no som e no silêncio, como diz a letra da música, e nos deliciamos com o ritmo das canções que fomos ouvindo, pois, partindo de Lulu Santos, oferecemos ao grupo a possibilidade de conhecimento de vários estilos musicais.

De acordo com as *Diretrizes curriculares nacionais para a educação infantil* (Brasil 2009), as práticas pedagógicas a serem desenvolvidas na educação infantil devem considerar as interações e a brincadeira como eixos estruturantes e, partindo desses eixos, garantir experiências que:

> I – promovam o conhecimento de si e do mundo por meio da ampliação de experiências sensoriais, expressivas, corporais que possibilitem movimentação ampla, expressão da individualidade e respeito pelos ritmos e desejos da criança;
> II – favoreçam a imersão das crianças nas diferentes linguagens e o progressivo domínio por elas de vários gêneros e formas de expressão: gestual, verbal, plástica, dramática e musical;
> III – possibilitem às crianças experiências de narrativas, de apreciação e interação com a linguagem oral e escrita, e convívio com diferentes suportes e gêneros textuais orais e escritos; (...). (Brasil 2009, p. 4)

Trabalhando com as crianças diferentes linguagens, oferecemos a elas o contato com vários estilos musicais. Junto com essa apreciação, a brincadeira sempre esteve presente – a música era capaz de transformar a sala em um *show* de apresentações de bandas! A música também passou a fazer parte dos banhos diários, quando meninas e meninos ensaiavam coreografias; também estava presente em jogos de adivinhações: um dos colegas falava uma palavra e o grupo tinha que se lembrar de uma música que tivesse aquela determinada palavra; quando não se recordava de nenhuma, vinha à tona a enorme criatividade da criança, que inventava na hora uma música com aquela palavra, apenas para não perder o jogo musical.

Mergulhados no mundo musical, fizemos com a turma uma pesquisa sobre preferências musicais. Os estilos musicais que conheciam e gostavam foram registrados em um gráfico. Nosso objetivo foi ampliar-lhes o repertório e oferecer-lhes novas experiências musicais, pois, em nossas observações e registros, era perceptível a presença de apenas um ou dois estilos musicais. No gráfico construído em sala, que reproduzimos a seguir, o *funk* apareceu como o preferido das crianças.

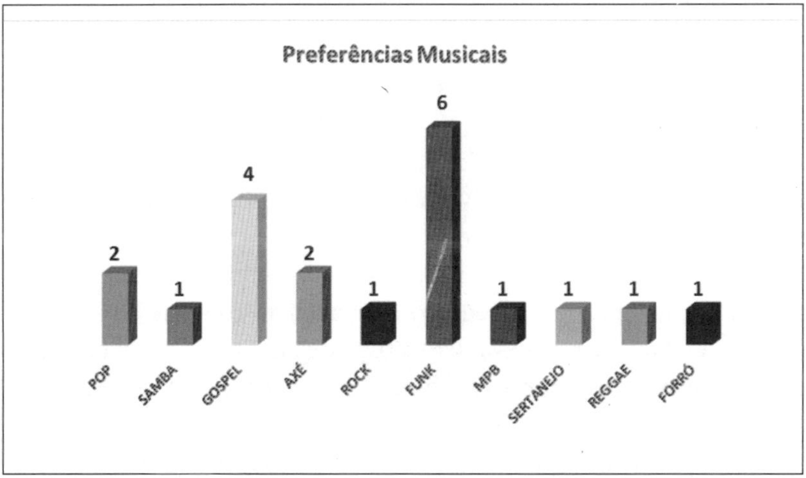

Gráfico sobre preferências musicais do Grupo de Referência da Educação Infantil (Grei) 5B. Elaboração coletiva, 2015.

Analisar o gráfico observando as preferências das crianças causou-nos certo espanto; aqueles gostos expostos nos provocaram muitas reflexões e questionamentos. Não estávamos avaliando os gostos como bons ou ruins, mas nos perguntávamos: como trabalhar a música na educação infantil? Como ampliar o gosto musical das crianças? Seria isso possível? Claro que não poderíamos simplesmente julgar, classificando as músicas que haviam sido identificadas. Concordamos com Ostetto, quando discute, no artigo "Mas as crianças gostam!, ou sobre gostos e repertórios musicais", que

> não se trata de condenar o gosto do outro, não, nem considerar que a boa música é só a que ouço, numa espécie de elitismo. É considerar que o gosto não é natural, que estamos falando de uma sociedade capitalista, uma sociedade massificada, que produz cultura de massa. (Ostetto 2004, p. 48)

Como diz o dito popular, ninguém pode gostar daquilo que não é conhecido. Por isso, como pondera a mesma autora, compreendemos que é papel da educação infantil ampliar o leque de oportunidades para as crianças ouvirem outros sons, outros ritmos musicais, outras canções além daquelas que já conhecem e ouvem em seu cotidiano.

Nessa perspectiva, depois de mapeados os gostos e repertórios das crianças, nosso desafio foi o de oferecer-lhes outras possibilidades, outros estilos e ritmos, e convidá-las à apreciação de novas sonoridades. Como parte de um projeto que visava ampliar possibilidades, convidamos os pais a também participar, por meio de uma pesquisa: cada criança levou para casa uma folha de papel contendo perguntas aos pais sobre sua preferência musical e pedindo que citassem cantigas de roda das quais se lembravam e gostavam. Então, passeamos pelos diversos ritmos compartilhados, e aos poucos surgiram ideias: as crianças trouxeram para a sala discos antigos, CDs que os familiares gentilmente emprestaram, e, assim, o nosso caminhar pelos estilos musicais tornou-se cada vez mais amplo. Nas brincadeiras, as cantigas de roda estiveram presentes mais do que nunca, cantigas essas ensinadas pelos familiares e recuperadas diariamente, como um resgate dessa cultura antepassada. O proceder pedagógico e a liberdade de expressão seguiam de mãos dadas: a sala acolhia o gosto de todos! Aliás, para potencializar as atividades, o espaço também foi modificado e construímos uma caixa de instrumentos musicais, confeccionados junto com as crianças.

Ao refletirmos sobre essas ações, vemos o quanto diversificar o repertório musical é importante na educação infantil. Mas, se é preciso trabalhar música, aprendemos que é fundamental, antes de qualquer ação pedagógica, respeitar o gosto das crianças, pois, "se tomarmos por referência um processo educativo em que o direito à infância e à educação infantil de qualidade esteja pautado como base e horizonte de toda ação pedagógica, (...) respeitar é acima de tudo comprometer-se com as crianças, por inteiro" (Ostetto 2004, pp. 56-57).

As crianças trazem experiências e conhecimentos que refletem seu meio social, e estes devem ser considerados. Devemos partir deles, sim, respeitando-os, mas tendo em mente o compromisso de ampliar-lhes oportunidades para o desenvolvimento de novos gostos. Assim pensando, iniciamos, com Mozart, a escuta de músicas clássicas, em um movimento de apreciação do som, da identificação dos instrumentos. As crianças ficaram empolgadas. Sem que nada tivesse sido planejado ou imposto, ao ouvirem a harmonia dos instrumentos, as crianças começaram a tentar imitá-los com os seus corpos. Essa exploração espontânea delas ofereceu um *link* para iniciarmos um trabalho com os sons do corpo. Contando com o apoio das produções do grupo musical Palavra Cantada, que trabalha os sons que estão por todos os lados (assistimos a suas performances gravadas em DVD e as crianças iam imitando o que viam), e com a bandinha musical que temos na Umei, já com o objetivo de potencializar a linguagem musical, a batucada geral se fez. De Mozart aos sons do corpo, foi muita música que ouvimos e produzimos!

Pelos embalos musicais, com as pesquisas desenvolvidas com o grupo, descobrimos que a música é o ritmo dos sons, que a dança é o ritmo dos movimentos e que a poesia é o ritmo das palavras. Suprimonos de música e mergulhamos no mundo dos sentimentos conhecendo a escrita da canção "Fico assim sem você" (composta por Abdullah e Cacá Moraes e interpretada por Adriana Calcanhoto):

Avião sem asa
Fogueira sem brasa
Sou eu, assim sem você
Futebol sem bola
Piu-Piu sem Frajola
Sou eu, assim sem você.

Entendemos que a música também é uma poesia. E, como bem poetizou uma menina da turma: "Poesia essa que sai de dentro do coração, para ser cantada" (Caderno de registro, 2015). E, então, lemos alguns poetas, como Fernando Pessoa e Mario Quintana.

Também tivemos contato com os poemas de Léo Cunha, que compõem o livro *Clave de lua* e que retratam poesias com ilustrações de instrumentos. Por meio desses poemas conhecemos os instrumentos e suas diferenciações, compreendemos o que são instrumentos de corda, de sopro e percussão e, assim, entendemos como se forma uma orquestra.

Na Umei, temos um projeto chamado "Lêporlê", configurado pelo planejamento de momentos de leitura, para apreciação de literatura, coordenados na maioria das vezes pelo professor da sala; outras vezes um outro profissional do espaço escolar é convidado para realizar esse momento com a turma. Em um desses dias do "Lêporlê, colocamos vários livros à disposição do grupo, um dos quais seria escolhido (por votação) para ser contado naquele momento. Durante o manuseio dos livros para selecionarem um, uma criança gritou: "Livro de música!", identificando na capa as notas musicais. Empolgada, começou a folhear o livro, mostrando-o aos colegas. O livro falava sobre um músico: o maestro Villa-Lobos. Foi interessante perceber o conhecimento das crianças sobre o universo musical, a ponto de reconhecerem os símbolos impressos na capa do livro. Logo todos haviam se juntado em torno daquele livro, supostamente achado entre tantos outros. Claro, os livros haviam sido escolhidos previamente, apresentavam a intencionalidade do professor em alguns aspectos, mas a expressão de descoberta da criança ao ver aquele livro mostrou-nos que o grupo estava bastante sintonizado.

Nos desdobramentos desse projeto, que teve a coautoria das crianças, Villa-Lobos passou a ser o centro das atenções em nosso espaço. Contamos a história de sua vida, por partes, e o interesse das crianças era visível.

No encontro com o maestro, outras histórias

Observando, lendo e analisando o cotidiano, surgiram ideias para trabalharmos mais de perto com o maestro. Nesse grupo havia muita curiosidade, interesse, ansiedade, euforia, vontade de aprender e conhecer, e demos asas à imaginação, ouvindo as crianças e também expondo nossas propostas. Nosso objetivo era caminharmos juntos para desvendar os mistérios da vida desse homem que foi um marco em nossa história. Nesse processo, foi preciso ir além do "gostei"/"não gostei".

Villa-Lobos. Esse nome passou a ser significativo em nossa sala. Até tivemos a construção de um boneco, feito com tecido, chamado pelas crianças de "Villa-Lobinho", que visitou todas as demais turmas em vários momentos e virou uma espécie de mascote do grupo. Com a ajuda de um globo terrestre, também andamos pelos lugares para os quais o maestro viajou, levando sua música. Nele, fomos localizando as terras por onde Villa-Lobos andou. Dessa maneira, fomos ritmando nossa prática, organizando e preparando o espaço todos os dias e nos envolvendo em atividades que tinham como eixo a música.

Na história de Villa-Lobos que foi contada para as crianças, algo que nos mobilizou muito foi o fato de ele ser carioca. Valorizar e reconhecer os personagens de nossa terra é importante. Saber a respeito da vida do maestro, de sua relação com os pais provocou momentos de comparações, confissões e expressão de sentimentos por parte das crianças, como nas cenas relatadas a seguir:

> – Eu não tenho pai... até tenho... mas morreu em um acidente de moto, quando eu era pequenininha (pausa e olhar parado)... Nunca vi ele, mas tenho uma foto, vou trazer para você ver, professora. Você sabia que a minha [mãe] tem dois empregos? Tem que ter muito "dindin" para comprar roupa, comida, para mim e minhas irmãs. Sabia que fico com peninha dela? Quando crescer quero trabalhar muito para ajudar ela.
>
> – Meu pai se separou da minha mãe, estou triste, mas ele batia nela. (Caderno de registro, 2015)

As falas sinalizaram para nós o quanto as crianças tinham necessidade de expor sentimentos e situações vividas, e de ser ouvidas. Diante do interesse demonstrado por todos e do silêncio que se fez na roda, ao ouvir esses dois relatos (e, ao mesmo tempo, diante do receio, de nossa parte, em relação a como esses relatos seriam compreendidos pelos colegas), mais que depressa recortamos um papel vermelho em formato de coração, e passamos a falar sobre as coisas boas e as coisas ruins que acontecem em nossa vida, lançando uma atividade que intitulamos "Eu quero abrir o meu coração". A criança que se sentisse à vontade e quisesse falar algo bom, ou algo triste, qualquer coisa que estivesse em seu coração, poderia levantar a mão e pegar o coração para falar. Para nossa surpresa, todos pegaram o recorte em forma de coração e ouviram atentamente cada um. Seguem algumas de suas falas, que foram registradas em nosso caderno:

> – Minha mãe estava grávida, mas perdeu o bebê, pois o saquinho que ele fica não estava no lugar certo! Eu fiquei muito triste... [olhos marejados]
>
> – Eu estou feliz, pois no meu aniversário vou ganhar um *tablet*.
>
> – Sabe, lá na minha casa eu fico muito assustada, os tiros são muito altos, eu e minha mãe nos escondemos embaixo da cama, fico com medo porque meu pai não "chega", aí ele chega, eu fico feliz.

> – A escola é legal, tem meus amigos, eu não tenho amigos em casa, minha mãe não deixa eu brincar na rua com os moleques. (Caderno de registro, 2015)

Entendendo a necessidade que as crianças tinham de ser ouvidas e compreendidas, quanto às coisas que carregavam em seus corações e que nem sempre demonstravam, decidimos organizar um quadro de sentimentos, utilizando folhas de papel sulfite fixadas na parede, que foi colocado na altura das crianças e que expunha várias carinhas: brava, zangada, triste, alegre, animada. Combinamos que aquele quadro seria uma forma de mostrarem como estavam no dia. Então, naquele período, as crianças chegavam e escolhiam a carinha que representasse melhor o seu sentimento. Para a nossa prática, aquilo representava um termômetro individual, pois saber que uma criança estava triste ou alegre era sempre uma forma de aprofundar o diálogo e a atenção para acolhê-la. A importância de compreender e ser compreendido pelo grupo podia ser reconhecida pelas atitudes das crianças, que sinalizavam, de uma forma cuidadosa, a preocupação quando algum dos colegas não estava com "uma carinha boa", ou seja, quando ele não estava bem. Hoje, passado o tempo, relembrando e revendo as notas produzidas, fica mais claro para nós o caráter educativo dessa ação, entendendo, em diálogo com Daniela Guimarães (2012, p. 89), que a educação é uma

> possibilidade de investimento na expansão da criança em suas múltiplas dimensões: emocional, sensorial, motora, mental, socioafetiva. Fazer educação significa cuidar do outro, considerando-o sujeito ativo e afetivo, que produz sentido sobre o mundo com suas ações corporais, sensoriais e mentais, expressando-se de múltiplas formas, em permanente confronto e colaboração com o social no qual está mergulhado.

E as interações prosseguiam, entre sentimentos, canções e emoções, com a história do músico e com a música.

> Durante as interações no canto da leitura, uma das crianças, recontando a história de Villa-Lobos para um pequeno grupo, pausa a contação, vira para a professora e diz: "Eu posso escrever o som da música?". Antes já havíamos trabalhado as letras de músicas, nas canções de Lupicínio, e eles reconheciam os desenhos das notas musicais, mas sem compreender realmente as suas finalidades; agora vimos a curiosidade com os sons da música; isso nos fez registrar a pergunta e pesquisar sobre o assunto. (Caderno de registro, 2015)

Sim, precisávamos pesquisar sobre o assunto. Junto com as crianças, aos poucos aprendíamos e explorávamos as partituras, descobríamos cada nota, seu respectivo nome e seu valor. Tantas descobertas nos motivaram a mudanças em nossos espaços na sala de referência. As notas faziam parte do nosso ambiente, com registros nas paredes do nosso espaço, no canto musical criado (do qual falaremos adiante); então, modificamos esse canto, inserindo nele um móbile musical, construído com materiais recicláveis. As crianças ficaram tão íntimas do mundo musical, que as notas passaram a fazer parte de seus desenhos, brincadeiras, indagações constantes.

> "Professoras, eu adoro ver isso, parece até que as notas flutuam, como se tivessem saindo música! ", ouvimos de uma criança, com uma fala cheia de sentimentos ao olhar para o móbile com notas musicais preso no teto, construído por eles. (Caderno de registro, 2015)

Retornando ao compositor Heitor Villa-Lobos, além de sua paixão por música, a história conta que foi uma criança que possuía "ouvido absoluto" e diferenciava os sons e as notas, até mesmo sons de coisas cotidianas. Inspirando-nos na história do ouvido afinado, fizemos alguns experimentos: com os olhos fechados, brincamos de distinguir o som da chuva, do ventilador, de alguns instrumentos, entre outros. A partir do jogo de diferenciação sonora, a professora levou o violino, quando então apresentou o instrumento, falando de suas partes e de seu funcionamento. Quando produziu o som, tocando suas cordas, foi um momento de euforia. Diante da curiosidade demonstrada, as crianças também tiveram permissão para manusear o violino.

Outra história relacionada com o universo musical foi o palco de apresentações musicais que constantemente surgia nas brincadeiras das crianças. De nossas observações, registramos em nosso caderno:

> Com os rolos do suporte de papel higiênico, que acharam na caixa de reciclagem, as crianças fizeram do nosso meio da sala um incrível palco. Era incrível olhar as interações e possibilidades que estavam reveladas na brincadeira, como os materiais que transformavam: rolo de papel higiênico era microfone; existia uma marcação imaginária para o palco; enquanto uma criança subia para se apresentar, as outras eram o público, que era incentivado pela apresentadora; a criança que estava no papel de apresentadora conseguia organizar a brincadeira, definir quem iria se apresentar. A introdução dessa apresentação, guiada por ela, era sempre a mesma: "Senhoras e senhores, com vocês o cantor de *hip-hop*...". (Caderno de registro, 2015)

Naquele palco ouvimos música para todos os gostos, desde *funk* e sertanejo à música gospel. A interação era profunda, sem a mediação das professoras, mas com nossos olhares atentos e registros surgindo, pois era impossível não admirar o decorrer da brincadeira. Entendendo que o ofício da criança é brincar, que a brincadeira é um eixo do trabalho pedagógico da educação infantil previsto nas *Diretrizes curriculares nacionais para a educação infantil* (Brasil 2009) e que, principalmente, nas brincadeiras as crianças interagem e se desenvolvem em sua totalidade, como forma de potencializar essas interações e trazer outros elementos que enriquecem a brincadeira, perguntamos se gostariam de ter, em um dos nossos espaços da sala, um palco para apresentações. Imediatamente olhinhos brilharam, sorrisos surgiram, cabeças balançaram com sinais afirmativos e logo ideias surgiram: "Faz uma cortina?"; "Eu quero um microfone com pé!" (Caderno de registro, 2015).

Então, confeccionamos um palco com eles, levando em consideração todos os palpites, desejos e ideias. Nosso palco ficou conhecido como o cantinho da música e prontamente colocamos ali um rádio. Sem muito direcionar, todas as vezes que iríamos falar ou contar algo sobre música, era para esse canto que todos iam. Ouvimos muitas músicas, cantamos, tivemos até grupo de dança e, claro, conhecemos mais ainda a trajetória de Villa-Lobos. "Viajamos" com ele a Paris, agora ampliando possibilidades de localização: juntos, nós nos localizamos no globo terrestre e visualizamos a capital francesa no Periscope (aplicativo de vídeo ao vivo, pela internet). No clima de Paris e de suas histórias, realizamos um chá da tarde com chapéus. Para esse chá, fizemos *cupcakes* com as crianças, cada uma montando o bolinho do seu jeito, utilizando vários ingredientes (granulado, doce de leite, jujuba, chocolate...). Foi um delicioso chá da tarde, com xícaras e ao som de Villa-Lobos.

E por falar em xícaras, há uma história sobre a hora do café que merece ser contada. Um dia, no momento da colação em que eram servidos pães com requeijão, o movimento de colocar a faca sem ponta em um copo de requeijão já meio vazio sobre a mesa produziu um som. Ao perceber isso, uma das crianças falou: "Vi na televisão que dá pra fazer música com copo e colher" (Caderno de registro, 2015). Ao observar o olhar curioso da professora, a criança pegou a faca e bateu no copo de requeijão, agora intencionalmente, tirando som dele. Estava lá um belo campo de pesquisa! Como a Umei sempre guardava os copos de vidros, para reutilização, pedimos alguns deles na cozinha e também algumas colheres; levamos o material para a sala e deixamos à disposição das crianças na mesa. Elas logo passaram a utilizar as colheres para produzir som e também lápis, que estavam disponíveis no "canto de artes". As crianças conseguiram tirar sons de todas as formas, ouvindo e comparando os sons produzidos.

> Criança pergunta:
> – Por que quando batemos com a faca lá no refeitório o som era mais baixo e agora é mais alto?
> Outra responde:
> – É porque a colher faz um som e a faca, outro!
> Pensativos, surgem argumentos de outros colegas:
> – Não, os dois são ferros!

> – O som mudou porque o copo aqui tá vazio e o do refeitório tá com requeijão! (Caderno de registro, 2015)

Diante das hipóteses levantadas, e da pergunta formulada – o som muda se o copo estiver cheio ou vazio? –, planejamos situações para a experimentação, levando água para a sala. Em conjunto com as crianças, colocamos diferentes quantidades de água e fomos percebendo que o som de fato variava. Uma das professoras disse que, dependendo da quantidade de água no copo, era possível obter a escala musical, mas que era necessária uma pesquisa. Como tínhamos em sala um computador, fizemos a pesquisa sobre os sons que poderíamos retirar dos copos, de acordo com a quantidade de água. Separamos então sete copos e, observando a quantidade de água e o som produzido, conseguimos achar a escala com a ajuda do que vimos na internet. De acordo com a quantidade de água que era colocada, ao ser tocada a borda do copo, o som variava de intensidade; em uma escala, era possível que as crianças identificassem cada nota. E, já que era preciso distinguir cada nota, com tinta e em grupo, escolhemos uma determinada cor para cada nota, nomeando-as. Foi uma diversão!

> Com o passar das horas, tocando nota por nota, pudemos perceber que estavam cantando a música "Eu vi uma barata na careca do vovô" e quando chegavam ao refrão "dó, ré, mi, fá, fá, fá... dó, ré, dó, ré, ré, ré..." observamos que as crianças seguiam a sequência tocando juntinho com a música cada nota. (Caderno de registro, 2015)

O nosso copo musical virou um canto de desafios e descobertas do som. Desafios, porque todos queriam conseguir tocar acompanhando a música; descobertas, porque outras músicas surgiam e outras indagações também. Além dos sons, outras propostas: "Quando a Isabel percebeu que a água que estava dentro dos copos era tingida por tinta guache, logo veio a pergunta: – A gente pode pintar com essa tinta rala? Será que pinta?" (Caderno de registro, 2015).

Os questionamentos da menina desencadearam uma série de experiências que desenvolvemos ao longo dos dias seguintes. Para uma dessas atividades experimentais, misturamos tintas de várias cores com muita água, deixando essa mistura bastante rala; em um pote plástico grande, tendo ao fundo uma folha de papel, a tinta rala foi despejada. Ao som da música de Villa-Lobos, as crianças foram mexendo o recipiente de um lado para o outro. Fazendo, experimentando, manipulando, foram tendo a resposta sobre a tinta rala: sim, ela pintava!

Sabemos que a música possui uma função social, cultural e de expressão, sempre presente na sociedade. A música contribui, tornando o ambiente tranquilo, alegre e agradável, consegue ser um elo na socialização do grupo, além de centro de interesse das crianças. Desenvolver a musicalidade é permitir a expressão corporal, a afetividade, o reconhecimento do seu corpo e de seus sentimentos, algo tão próprio da educação infantil.

O grupo ouvia músicas e era possível apreciá-las em sua diversidade; o interesse por Villa-Lobos – pelos sons – já fazia parte do nosso cotidiano: na roda, no momento do sono, na hora do banho. Vale ressaltar que as atividades que envolvem música são importantes como meio de inserção dessa cultura, o que foi possível presenciar por meio das trocas entre os responsáveis, que, com essa prática, tiveram a oportunidade de trazer sua vivência musical para o ambiente escolar.

A apreciação não apenas da letra, mas dos instrumentos foi algo que nos chamou a atenção. Em algumas músicas, as crianças conseguiam diferenciar o som de guitarra, bateria, flauta, teclado, entre outros, e expressavam no corpo o desejo de tocar o instrumento. Mas, de conversa em conversa, de experimento em experimento, percebemos que poucos conheciam um instrumento. Então veio um desejo nosso, de professoras: como seria bom trazermos instrumentos musicais para a sala, com músicos tocando! Levando o desejo adiante, fizemos contato com músicos de uma banda, conhecidos de uma das professoras, e levantamos a hipótese de trazê-los para uma vivência na Umei. Quando dividimos nosso desejo com as crianças, o entusiasmo com a proposta foi geral!

De acordo com nosso planejamento, as próprias crianças fizeram o contato, por telefone, com a "Banda Segundo Andar", que aceitou o convite. Depois, foi necessário organizar a vinda da banda, e as crianças se empenharam muito, movidas por grande expectativa. Seria um dia especial, e o maestro Heitor Villa-Lobos precisava estar presente: ele ganhou vida com o boneco Villa-Lobinho, que foi confeccionado pela turma com tecidos e roupas antigas. Villa-Lobinho participou de todo o processo, desde a confecção dos convites até a ida das crianças de nosso grupo a outras salas, para explicar o programa que estávamos organizando.

E o grande dia chegou. Foi muito bem organizado; meninas e meninos do grupo vestidos com coletes e crachás fizeram a recepção da banda e dos colegas das outras turmas (que foram chamados para o evento). Percebiam-se a alegria e a satisfação de todos. Além de ouvirem a banca tocar, as crianças puderam olhar de perto, tocar cada instrumento, experimentar tirar sons dos instrumentos. Os músicos foram muito atenciosos.

A importância do registro

Ao longo do projeto, a música não foi apenas um recurso, mas o fio puxado pelas crianças que conduziu nossa prática e o processo de múltiplas experiências e aprendizagem. Quantas descobertas! Quantas informações! Quanta sensibilidade! A magia dos sons, a execução dos experimentos, a ludicidade nas construções de materiais e espaços desenvolveram equilibradamente as diferentes dimensões do ser criança na educação infantil. Foi possível trabalhar gestos, danças, sons, movimentos, com criatividade, agregando sensibilidade e afetividade – a música na educação infantil é capaz de potencializar o aprendizado, tanto no emocional, quanto no cognitivo. As crianças imergiram no mundo musical, trazendo de lá uma mistura de descobertas, conhecimentos e sentimentos. Com o nosso olhar atento, registrando o processo, fomos identificando os momentos propícios para nos aprofundarmos no universo musical e oferecer experiências significativas. Foi um grande aprendizado também para nós, professoras.

No ano de 2015, mergulhamos no mundo da música, em diálogo com o mundo infantil, permeado por histórias, fantasia, imaginação, experimentação, pesquisa, entendendo que as crianças têm o direito de se desenvolverem na sua totalidade, e que cada menino e cada menina têm as suas especificidades. Respeitar os gostos, as culturas, os pensamentos, os processos de desenvolvimento das crianças faz com que cada uma delas se sinta pertencente ao grupo, a um espaço, e ao mesmo tempo proporciona abrir um leque de possibilidades e oferecer amplo acesso a conhecimentos, num clima de integração e socialização.

Finalizar um projeto, sistematizando algumas experiências vividas, provoca sentimentos e reflexões importantes para a nossa prática na educação infantil. Faz-nos pensar que professoras fomos/somos e o que as crianças do grupo, que estavam em seu último ano na Umei, levaram de significados sobre o que compartilhamos no cotidiano ao longo do ano.

Consideramos que nosso exercício diário da escuta atenta e sensível e a aprendizagem de documentar por meio dos registros, permitindo a reflexão constante da nossa prática, fizeram diferença. O ato de registrar não é uma tarefa fácil, mas, no trabalho desenvolvido com o grupo, constatamos a preciosidade dessa ferramenta, fundamental para documentar os processos. Concluindo este capítulo, reforçamos que os registros, amplos ou detalhados, pequenas notas ou narrativas bem estruturadas, foram vitais para o desenvolvimento de nossa proposta. Como escreve uma professora sobre o ato de escrever:

> Apesar de cansativa essa prática não era desagradável, pelo contrário. Era bom lembrar das coisas e escrevê-las. É interessante reler tais registros. Era instigante tentar lembrar da reação daquela criança, diante de determinado desafio. (Souto-Maior 2000, p. 67)

O registro, como um diálogo entre a teoria e a prática, diálogo da professora consigo mesma e com os outros, pode levar à construção de práticas pedagógicas renovadas: observar, ouvir meninos e meninas, anotar e refletir sobre o vivido afirma a intencionalidade do planejamento e do papel do professor, além de potencializar a aprendizagem de todos – crianças, professoras, grupo.

Referências bibliográficas

BLOG DA CORUJA (s.d.). Disponível na internet: www.blogdacoruja.com.br, acesso em 3/2015.

BRASIL (2001). *Parâmetros Curriculares Nacionais: Arte*. Brasília: MEC/SEF.

_______ (2009). *Diretrizes curriculares nacionais para a educação infantil*. Brasília: MEC/SEB.

DONALDSON, J. (2008). *O filho do grúfalo*. São Paulo: Brinque-Book.

GUIMARÃES, D. (2012). "Educação infantil: Espaços e experiências". *In*: CORSINO, P. (org.). *Educação infantil: Cotidiano e políticas*. Campinas: Autores Associados, pp. 89-100.

ONÇA, F. e PAIVA, T. (2011). *Eu vi, eu juro, um bicho no escuro*. São Paulo: Melhoramentos.

OSTETTO, L.E. (2004). "'Mas as crianças gostam!', ou sobre gostos e repertórios musicais". *In*: OSTETTO, L.E. e LEITE, M.I. (orgs.). *Arte, infância e formação de professores: Autoria e transgressão*. Campinas: Papirus, pp. 41-60.

_______ (2008). "Observação, registro, documentação: Nomear e significar as experiências". *In*: OSTETTO, L.E. (org.). *Educação infantil: Saberes e fazeres da formação de professores*. Campinas: Papirus, pp. 13-32.

PERCIVAL, T. (2013). *A incrível sombra de Jack*. São Paulo: Caramelo.

PLEDGER, M. (2007). *À noite na floresta*. São Paulo: Ciranda Cultural.

RINALDI, C. (2012). *Diálogos com Reggio Emilia: Escutar, investigar e aprender*. São Paulo: Paz e Terra.

SOUTO-MAIOR, S.D. (2000). "O mapa do tesouro: Ultrapassando obstáculos e seguindo pistas no cotidiano da educação infantil". *In*: OSTETTO, L.E. (org.). *Encontros e encantamentos na educação infantil: Partilhando experiências de estágios*. Campinas: Papirus, pp. 63-81.

ZABALZA, M. (2004). *Diários de aula: Um instrumento de pesquisa e desenvolvimento profissional*. Porto Alegre: Artmed.

6
AO INFINITO E ALÉM: DESAFIOS E EXPERIMENTAÇÕES DE UM GRUPO NA EDUCAÇÃO INFANTIL

Angelica Costa da Silva Soares

Espaços, rotinas, brincadeiras, literatura, aventuras, planejamento e registro, desafios e experimentações são elementos que compõem os percursos compartilhados com o Grupo de Referência da Educação Infantil 5B (Grei 5B) da Unidade Municipal de Educação Infantil (Umei) Rosalda Paim, de Niterói. O grupo, composto por 15 crianças de 5 anos e duas professoras, protagonizou muitas histórias no ano de 2016. Histórias de chegar e partir, de resistência e enfrentamento, de aproximação e acolhimento, de afeto conquistado; de observar para conhecer e para traçar caminhos, de aprendizagem, convívio, desenvolvimento e criação.

Este capítulo conta um pouco desses percursos, narrando acontecimentos que foram registrados e sistematizados em forma de relatório de grupo, documento produzido ao final de um ano letivo, para ser entregue aos pais. No relatório estão memórias do vivido. Agora, ganhando forma de capítulo de um livro que aborda justamente a prática pedagógica na educação infantil, esse relatório é ressignificado, ampliando seu conteúdo e sua análise, para trocar com outros interlocutores. O que foi produzido pelo grupo – com as crianças e com a colega professora que compartilhava conosco a docência – é aqui rememorado e analisado.

O início: Conhecer a história do grupo

Nosso trabalho com o Grei 5B começou no segundo semestre de 2016, em agosto. A turma vinha de um histórico de mudanças de professores (seja por questões de saúde, seja em razão de finalização de contrato), o que havia fragilizado visivelmente as relações do grupo. Tais mudanças tinham causado desajustes e quebras não só na rotina, mas também na confiança no adulto. Nos primeiros dias, era comum as crianças perguntarem: "Você vai ficar com a gente? Você vem amanhã? Você não vai embora?", enquanto outras ignoravam a presença do adulto, relacionando-se somente entre si. Essas atitudes, a nosso ver, revelavam insegurança, sentimento de rejeição e carência de afeto. Foi necessário um tempo de observação sensível, aproximação lenta e atenta, disposição redobrada para conhecer as histórias de cada criança.

Assim, observando, chegando mais perto e conquistando confiança, fomos identificando características e interesses. Percebíamos meninas e meninos ativos, impulsivos, reativos, líderes, agitados, curiosos, questionadores, competitivos; crianças que confrontavam, impunham, testavam. Seus interesses eram variados: aventuras, exploração; bichos, felinos, cadeia alimentar; esportes, competição; músicas, instrumentos, dança; literatura, fábulas, contos, poesias; leitura, escrita, hipóteses; artes, pintura, modelagem, construções; jogos, fantasias, heróis.

Poderia defini-los em três palavras: intensidade, resistência, ousadia. Sim, o grupo era muito intenso em tudo o que fazia. Meninas e meninos demonstravam necessidade de estar sempre em movimento. Ao mesmo tempo, com muito entusiasmo e criatividade, recebiam as propostas de atividades diárias fazendo sugestões: podiam enriquecer o planejamento ou torná-lo pequeno, diante dos desejos e desafios que queriam experimentar. "Ao infinito e além" é a frase que poderia resumir o grupo.

Para experimentar propostas de trabalho, foi necessário olhar as crianças, tecer adequações aos desejos e características daquele grupo, guiando-nos sobretudo pela necessidade de acolhimento e estabilização de suas emoções. Nesse movimento, vislumbramos possibilidades, com crescentes conquistas nas interações, no afeto, no vínculo. Só assim poderíamos seguir para reequilibrar a rotina, articulada a uma proposta de trabalho coerente e efetiva para aquele grupo.

A literatura foi o pontapé inicial para a reescrita da história da turma, para tecer uma nova história cheia de desafios, descobertas e conquistas. O livro usado na rodinha para ajudar a compreender tantas mudanças foi *Coisas que chegam, coisas que partem*, escrito por Ninfa Parreiras e ilustrado por Cláudia Ramos (Parreiras 2008). A obra trata, de forma poética, de questões delicadas e concretas, como a separação, as trocas (de escolas, de dentes, de vizinhos), o afastamento de pessoas e também a morte. Todos os dias, na rodinha, era feita a leitura de uma poesia e, então, tratávamos de situações que permeavam o nosso grupo, como separação de pais, morte, troca de professoras, bem como de coisas simples, como mudança de casa, perda de objetos. Se no início falavam pouco, e alguns até se recusavam a participar, os textos poéticos pouco a pouco iam dando segurança e liberdade para se expressarem, já que falavam de coisas que aconteciam com eles no cotidiano, trazendo proximidade à discussão. Nesse clima, eram expostos sentimentos – medo, tristeza, raiva e ciúme, por exemplo.

No bate-papo proporcionado pela leitura do referido livro, uma criança ia aconselhando a outra, naturalmente, o que pode ser observado nas anotações do meu caderno de registro:

> – Olha, não fica triste, seu pai foi embora, mas sua mãe vai cuidar de você.
> – Ó, minha mãe e meu pai também se separaram. Quando os pais se separam é porque tem briga. Separam pra não brigar mais.
> Outros diziam:
> – Eles não querem mais namorar, não ama mais, eles moram separados.

– Meu pai me ama, minha mãe também.
– Minha mãe não é legal, não, só fica no celular, não faz nada, não brinca. Ela não mora junto com meu pai, ele foi embora também.
– As tias foram embora. Trabalhar em outro lugar. O outro prefeito precisa delas. Foi trabalhar muito longe.
A Lele disse:
– Meu pai morreu, mas minha mãe cuida de mim; quando durmo, sonho com ele, fico com saudade.
Samuca me chamou:
– Preciso falar com você lá fora.
Me chamou para ir até o corredor. Ele disse: – O que está acontecendo nessa escola? Por que o prefeito pega todas as professoras? A gente não vai deixar ele levar você! Ele não vai levar mais professora, não é? (Caderno de registro, 2016)

Era o momento da aproximação. As crianças estabeleciam uma relação de confiança. Naquele momento, o menino reivindicava seus direitos de cidadão e entendia que tinha voz e vez naquele grupo.

O grupo construindo identidade: Sentimento, afeto, troca

A relação entre as crianças era de muito conflito, brigas e até agressões físicas. Observando-as, entendemos que precisávamos ajudá-las primeiramente a identificar seus sentimentos, para depois, quem sabe, aprender a controlar as emoções, trocando as atitudes negativas pelas positivas. Foram muitos encontros e conversas na roda. Falamos sobre a vontade de bater ou de gritar, quando estamos com raiva, da dor de barriga, quando sentimos medo, da vontade de chorar ou de ficar calado, quando estamos tristes, e assim por diante. Também falamos sobre as reações boas, como alegria, bem-estar etc., causadas por coisas que gostamos de fazer. De conversa em conversa, aumentava a compreensão a respeito de como o nosso corpo reage de formas diferentes a cada sentimento. Fizemos uma lista de coisas que as crianças gostavam de fazer, e negociamos fazê-las toda vez que elas estivessem sentindo raiva, tristeza, medo ou ciúmes.

Quando as crianças expressavam algo como: "Tô com raiva, tô triste, vou bater nele", era preciso uma escuta ainda mais atenta dessas colocações, a fim de podermos ajudá-las efetivamente. Juntos, nós pensávamos: o que podemos fazer para essa sensação passar ou diminuir? Então consultávamos a lista de atividades que as crianças gostavam de praticar e se sentiam bem praticando. Elas podiam escolher o que lhes dava mais prazer e provocava maior bem-estar: desenhar, pintar, usar massinha, ler livros de histórias, ouvir música, cantar, pegar um objeto ou brinquedo de que gostassem, chamar uma das professoras para conversar ou ir falar com um amigo. A elaboração da lista permitiu-nos identificar que muitas das atividades citadas como prazerosas situavam-se no campo das artes, da manipulação de materiais artísticos. Então, começamos a estruturar os espaços da sala: preparamos um "cantinho da arte", onde deixamos à disposição tinta e pincel, papel e canetas coloridas; providenciamos um aparelho de CDs, para que elas pudessem escolher músicas; com tapete e almofadas, formamos um "canto para as histórias", que tanto poderia ser para conversas como para ficar sozinho.

Nesse contexto, para ajudar na aproximação das crianças, criamos a "caixa do afeto", na qual colocamos ações e palavras de carinho, como: "beijar", "abraçar", "dar as mãos", "te amo", "quero ser seu amigo", "você é legal, quer brincar comigo?". Ao sortear uma palavra da caixa, cada criança escolhia um colega para dividir aquela ação ou palavra. Aos poucos, foram escolhendo umas às outras, diversificando os pares, e essa atividade passou a ser parte de todas as nossas rodas. Às vezes a usavam em outros momentos, nas brincadeiras.

O diálogo e a comunicação nortearam nosso trabalho. Quando necessário, fazíamos várias rodas durante o dia para conversarmos. As poesias nos ajudaram muito, proporcionando um espaço de fala e escuta livre de tensões e gentil. A partir das leituras das poesias, era organizada a rotina diária com as crianças informando de maneira clara as atividades que se seguiriam. Assim, elas se sentiam mais seguras e à vontade para conviver em grupo. Uma rotina organizada com as crianças, de maneira clara e significativa, é essencial para qualquer formação de grupo e para o bom desenvolvimento do trabalho pedagógico. Como está escrito no documento da rede municipal de ensino de Niterói:

> As rotinas escolares, muitas vezes, acabam por reproduzir o automatismo das relações e dos comportamentos sociais; não havendo espaço para a curiosidade, para a novidade, para o encontro. Essa concepção de educação não favorece o desenvolvimento de uma criança criativa, autônoma capaz de produzir história, conhecimento, cultura. Em oposição, entende-se que os processos educativos precisam favorecer o encontro, por meio do qual cada sujeito se modifica e modifica o outro, criando-se um espaço de convivência. (Secretaria Municipal de Educação/Fundação Municipal de Educação 2010, p. 41)

Um espaço de convivência era o que buscávamos estruturar. Depois do processo desencadeado para que falassem de seus sentimentos e emoções, levamos as crianças a pensar sobre o que queriam viver naquele grupo: "brincar e se divertir" foram as respostas que predominaram na conversa. Foi combinado que esse seria o lema do grupo. Escrevemos "brincar e se divertir" numa cartolina e fizemos um acordo: registraríamos na cartolina coisas que poderíamos fazer para brincar e nos divertirmos juntos, sempre respeitando o outro. Acompanhando essa atividade, listamos as brincadeiras de que os alunos mais gostavam e apareceram coisas bem diversificadas, de acordo com os interesses de cada um: futebol, atividades com música, construção de objetos com sucata, corrida, brincadeiras com tecido, confeitaria com massinha. Todos assinaram seus nomes no "acordo", e sempre que alguém fazia algo para atrapalhar a brincadeira e a diversão, eles mesmos mostravam o cartaz e o nome para o colega, lembrando-lhe do combinado.

Aos poucos, as crianças aprendiam que compunham um grupo e trabalhavam juntas para manter o objetivo de todas, que era "brincar e se divertir". Ia ficando clara a necessidade de colaboração quando se tem um objetivo comum, e a turma foi conquistando mais sensibilidade e gestos mais afetivos. Isso implicou construir um ambiente

> verdadeiramente acolhedor à construção do conhecimento, pois parte do princípio de que o conhecimento não está em mim nem no outro, mas sim na relação que estabelecemos entre nós. Esse pressuposto inclui a necessidade de reconhecer a alteridade em todas as dimensões, pois, sem respeito ao outro, a suas diferenças, desejos e necessidades, não há aprendizado, não há paz no viver e no conviver. (Pena *et al.*, *apud* Secretaria Municipal de Educação/ Fundação Municipal de Educação 2010, p. 41)

Um espaço que acolhe e que abre espaço

A partir daí, das relações que se fortaleciam na identidade de grupo, foi possível trabalharmos juntos na construção dos cantos de brincadeiras, conforme os interesses das crianças. O espaço faz toda diferença no desenvolvimento de uma proposta e na aprendizagem da criança. Conforme esteja organizado, dá vez à exploração das diversas habilidades, ou não. O espaço é um outro educador, como dizem os italianos (Gandini 1999); pode colaborar para a garantia de um ambiente brincante e de aprendizados, ou dificultá-lo. Segundo as *Diretrizes curriculares nacionais para a educação infantil* (Brasil 2009), as interações e a brincadeira são os eixos que devem sustentar as propostas pedagógicas na educação infantil; sendo assim, o espaço deve estar organizado para garantir esses elementos.

Diante da necessidade de mudanças na sala do grupo, fomos percebendo que a definição de um espaço como esse precisa ser combinada entre crianças e professora. O ambiente deve ser construído em conjunto, pois, quando a criança participa desse momento, ela entende que é parte desse espaço. Se as crianças não se veem participantes do espaço, elas não zelam por ele, não o organizam, não cuidam dele. Isso ficou bem claro para nós: se o espaço não fala com elas, há apatia, falta de interesse, elas não participam das atividades propostas com entusiasmo. Observamos também que esse espaço, além de ser planejado com as crianças, também precisa ser contínuo, sem muitas modificações, pois as mudanças e a inconstância trazem insegurança e até mesmo desequilíbrio emocional. Ele precisa ser potencializado, sempre, mas preservando as referências que o grupo já construiu nele.

É como se arrumássemos a casa todos os dias, retirando tudo de um lugar e colocando em outro: isso causaria um grande mal-estar para quem convivesse naquele ambiente conosco. Ter as coisas no mesmo lugar, além de facilitar o convívio e a movimentação no espaço, diz às crianças que elas podem contar conosco e diz quem elas são: o espaço deve abrigar características de cada um, desenvolvendo a identidade e a autonomia. Se o espaço conta histórias e precisamos das nossas memórias para nossa existência, nós, professoras, temos que ter essa certeza e esse cuidado: o centro do nosso trabalho é a criança, o espaço é dela, a história é dela.

Organizar o espaço também faz parte do planejamento das ações e da prática pedagógica docente (Secretaria Municipal de Educação/ Fundação Municipal de Educação 2010). Há estudos que indicam a necessidade de pensar a organização do espaço físico por referência a certas funções que deveriam ser cumpridas para propiciar ou contribuir positivamente com o desenvolvimento infantil: "identidade pessoal, desenvolvimento de competência, oportunidades para movimentos corporais, estimulação dos sentidos, sensação de segurança e confiança, oportunidade para contato social e privacidade" (Carvalho e Rubiano, *apud* Secretaria Municipal de Educação/Fundação Municipal de Educação 2010, p. 30).

Alguns estudos indicam também a importância de organizar as salas de educação infantil em zonas circunscritas: divididas em espaços semiabertos, nos quais professora e crianças possam interagir numa perspectiva de participação constante, mediação, experiências, observação e pesquisa. O adulto sai do centro e as brincadeiras e as interações vão norteando o trabalho e construindo conhecimentos que estão presentes em cada ação (Secretaria Municipal de Educação/Fundação Municipal de Educação 2010). Em um espaço assim organizado, a criança se movimenta com liberdade, podendo ser ela mesma, e não o que esperamos que ela seja. Mas, para tanto, é necessário observar os interesses do grupo.

Com base em todas essas observações, partimos para a organização dos espaços da sala. Sempre em conjunto com as crianças, listamos o que elas gostariam que houvesse ali, considerando os eixos que norteiam a proposta pedagógica da rede municipal de Niterói (Secretaria Municipal de Educação/Fundação Municipal Educação 2010): linguagens, tempo e espaço, ciências e desenvolvimento sustentável. Deveriam estar presentes no espaço elementos de literatura, arte, música, ciências naturais, sociais e lógicas, as experimentações, o letramento.

A sala foi dividida em quatro cantos e as estantes foram posicionadas formando espaços menores e semiabertos. Tendo por base a lista que elaboramos das coisas que as crianças queriam, fomos compondo com elas, dia a dia, cada canto, adicionando objetos que elas mesmas escolhiam. Uma criança sugeriu: "Que tal fazer[1] um sofá pra gente ver as histórias?". Outras foram dando suas ideias, que contribuíram e foram agregando valor àquele ambiente. Nessa perspectiva, foram criados o "Espaço Lêporlê", o "Espaço do camarim", o "Espaço da casinha" e o "Espaço dos esportes".

No "Espaço Lêporlê", formado com uma pequena estante-suporte para livros, sofá, almofadas e tapete, acontecia a rodinha diária, quando fazíamos os combinados, a organização da rotina; era o espaço de ouvir histórias, cantar, trocar afetos e compartilhar as novidades. Notava-se que as crianças amavam as histórias e ficavam muito à vontade naquele espaço. Entravam no universo literário com muita facilidade, trazendo vida às histórias e aos personagens. Nesse aspecto, julgo que foi muito importante minha intimidade com a literatura, como professora-contadora de histórias, acrescentando magia àqueles momentos.

Sobre contar e ouvir histórias, a hora do sono também era um momento propício. Nesse momento, organizávamos as crianças para relaxar. Às vezes fazíamos tendas enormes com lençóis e arrumávamos os colchões em baixo, para contar e ouvir histórias. Enquanto as crianças estavam deitadas, íamos contando as histórias preferidas delas; muitas

1. Como os espaços não estão todos estruturados, com os móveis adequados, é preciso fazê-los, montando-os e desmontando-os com os objetos disponíveis no cotidiano.

vezes, apenas faladas ou utilizando objetos. No clima dos contos, aos poucos iam adormecendo. Outras vezes não adormeciam, ou apenas algumas o faziam. Nesse caso, as histórias viravam uma brincadeira mais tranquila, para não atrapalhar o sono das que dormiam.

Acreditamos que o sono é algo natural, que não pode ser imposto. Ele pode vir ou não, assim como o tempo de cada um para esse sono é diferente. Lembro-me de uma história de dinossauro, que acabou virando brincadeira na hora do sono.

> Hoje a maioria não dormiu. Uma criança se enrolou todinha no lençol em posição fetal e disse: – sou um ovo de dinossauro! Logo apareceu um Dinossauro Rex e a Dinossaura Rix, que colocou outros ovos (crianças enroladas no lençol) e então foram nascendo outros dinossaurinhos Rax, Rox, Rux. A história foi tomando forma e acabou se transformando em outras atividades que encantaram todo o grupo. Foi um momento muito divertido. (Caderno de registro, 2016)

Do "Espaço do camarim" saíam heróis, com todas as suas habilidades, potencialidades e poderes, compartilhando conosco momentos divertidos de aventuras. Esses momentos começavam com a preparação das fantasias e a composição de bonecos e personagens, que estavam à disposição do "Espaço do camarim", e se estendiam pelos pátios da escola. Um exemplo dessa atividade foi a "Liga da justiça à procura de vilões", na qual as crianças incorporaram aqueles personagens com tanta propriedade, viraram aquelas personalidades com tanta determinação, que influenciaram os outros grupos.

No "Espaço da casinha", entre panelinhas e fogões, pudemos descobrir habilidades culinárias e de promoção de eventos. Observando as crianças brincarem, dia a dia testemunhamos criadores de festas, que faziam receitas imaginárias de salgadinhos, *cupcakes* e outros alimentos. Ali viviam e reviviam suas próprias histórias em meio à realidade e à fantasia. Falavam de valores e culturas do convívio familiar e das comunidades do entorno da escola.

No "Espaço dos esportes", colocamos bonecos esportivos, jogadores de futebol. Curiosos sobre o assunto e inspirados no livro *A olimpíada dos bichos* (Flauzino 2016), pesquisamos sobre natação, futebol, atletismo. A importância da prática esportiva para a saúde andava lado a lado com o espírito competitivo que os impulsionava.

O futebol era a brincadeira preferida, e sua formação, suas regras nos possibilitavam a conquista de novos conhecimentos, que vinham do número das camisas, do nome dos jogadores, da posição que ocupavam no campo e da distância entre a bola e o gol; da reação causada ao corpo em face do esforço necessário para a prática do futebol. O jogo propriamente dito tinha direito a juiz, treinador, cartão amarelo e vermelho.

O espaço da quadra também foi adaptado para diversas outras brincadeiras. Caixas de papelão viravam carruagem, tecidos viravam capas, e tendas viravam cavernas. Assim, todo o espaço da escola era pensado para proporcionar experiências e abrigar uma diversidade de conhecimentos. O espaço de terra foi destinado a experimentações, com carregamento de vasilhas de um lado para o outro, com terra ou água ou mesmo com as duas juntas e misturadas. A disponibilidade de vasilhas de todos os tamanhos estimulava a criatividade e tornava possíveis diversas experimentações. As crianças as enchiam e esvaziavam, obtendo noções de volume e vivenciando tantos outros momentos de aprendizagens.

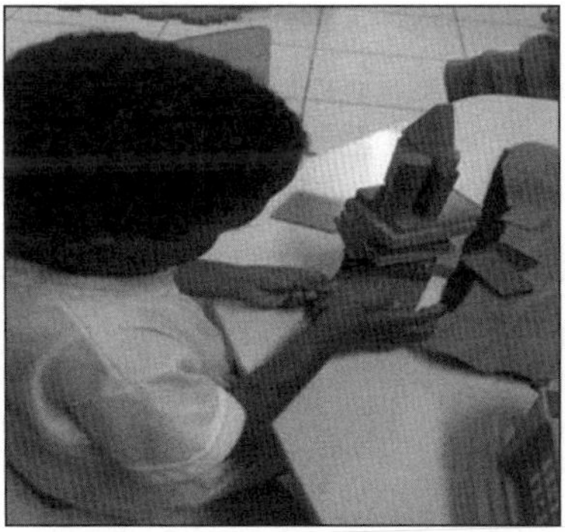

Com o passar do tempo, com o espaço da sala reorganizado em zonas circunscritas (Carvalho e Rubiano, *apud* Secretaria Municipal de Educação/Fundação Municipal de Educação 2010), e como já tínhamos criado um vínculo mais estreito com as crianças, foi possível ampliar a magia, projetando um trabalho no eixo da literatura, que nos possibilitou viajar com Monteiro Lobato. Por meio de sua obra, com textos cheios de aventuras, personagens singulares e encantadores, tínhamos encontrado um fio, um eixo para reordenar caminhos e nortear os trabalhos do Grei 5B.

Com literatura e arte, experiências de conviver e conhecer

Caçadas de Pedrinho e outras aventuras

Com o livro *Caçadas de Pedrinho* (Lobato 2010a) conhecemos um lugarzinho pitoresco, num tal de Arraial dos Tucanos: o Sítio do Picapau Amarelo. Comparamos a vida no campo com a vida na cidade, refletimos sobre como deve ser viver em um sítio e pesquisamos imagens relacionadas a esse espaço e o que pode ser encontrado lá. Deparamo-nos com animais domésticos, como galinha, porco, pato; e selvagens, como a incrível onça. Conhecemos bichos como a jaguatirica, a anta, a ariranha, a capivara, os micos, o pica-pau, o jabuti, e tantos outros.

O referido livro nos apresentou diversos episódios de muita aventura: a reforma da natureza, o noivado da Emília e Dom Quixote de la Mancha, memórias da Emília, o casamento de Narizinho, e com eles conhecemos as características da Mata Atlântica e de diversos animais. Encantadas com as obras de Monteiro Lobato, que, além de aguçarem a curiosidade, sugestionavam brincadeiras e um leque de possibilidades de aprendizagens, as crianças realmente viajaram com Pedrinho e Narizinho num mundo mágico e cheio de emoções. Observaram que as obras de Monteiro Lobato não apresentavam muitas imagens e com o tempo se referiam ao escritor desta forma: "Lê aquele livro de letras do Monteiro!".

Os textos eram muito ricos em detalhes, aguçando a imaginação para cenas que faziam parte de brincadeiras. As aventuras de Monteiro Lobato estavam muito presentes no dia a dia do grupo, provocando muitas descobertas. Com Pedrinho, participamos de aventuras e desbravamos as florestas conhecendo a fauna e a flora brasileiras. Com Narizinho, conhecemos as curiosidades de uma menina travessa que, assim como as crianças do grupo, gostava de explorar e experimentar tudo ao seu redor, principalmente a natureza e o encantamento das histórias. Com Emília, caçamos tesouros e também nos divertimos explorando o pátio de terra, observando, com lupas e lanternas, folhas, formigas, minhocas e gongolos que por lá habitavam. Com tia Anastácia, visitamos a cozinha e descobrimos seu funcionamento, conversamos com os merendeiros que nos explicaram suas funções, informamo-nos a respeito de higiene, alimentos e cardápio. Também aprendemos a montar o menu e a nos apropriarmos dos alimentos que ele oferece. Com D. Benta e o Visconde, viajamos no mundo dos livros e nos encantamos com lindas histórias, não só do nosso cantinho de leituras, mas do espaço biblioteca-parque da biblioteca municipal, que fomos visitar a fim de explorar o espaço e ouvir outras lindas narrativas. Foi demais conhecer esse universo, que tornou nossos dias de leitores ainda mais especiais!

O momento da história para a criança é mágico. É quando ela pode se mostrar e se expressar para o mundo. Ela é livre para ser e viver o que bem quiser, ir aonde quiser criando e recriando situações, concordando ou discordando do contexto. Sugerindo, interagindo e dialogando com os livros e seus autores. É livre para descobrir o mundo e tudo que ele pode oferecer. Ler é alimentar a criança para a vida, assim como brincar é nutrir a essência desse ser.

Do encontro com Tarsila aos sabores do Brasil

Explorando o tema brasilidade, inspirador do trabalho na Umei Rosalda Paim, em 2016, em um dos eixos do projeto com o Grei 5, nós traçamos possibilidades de conhecimento das diversidades culturais de nosso país, suas origens e as influências em nossa gente.

Selecionamos livros de alguns artistas plásticos brasileiros e os levamos à sala para as crianças manusearem, observarem suas obras e, por fim, escolherem um para trabalharmos. Por meio de votação, o grupo escolheu uma artista que, em suas obras, retratava o nosso país, as nossas emoções, os nossos sentimentos e as nossas memórias. Tarsila do Amaral foi a escolhida; o livro que retratava as cores e formas de sua obra encantou a todos. Conhecemos um pouco de sua vida, de suas obras, e soubemos de sua admiração pela vida do interior, em fazenda. Foi possível analisar e conversar sobre uma semelhança percebida entre a pintora Tarsila do Amaral e o escritor Monteiro Lobato: os dois expressavam suas memórias da vida no campo, da cidadezinha que lhes deixara saudade. Por meio das telas, Tarsila expressava seus sentimentos, suas vivências e seus ideais, assim como Lobato expressava, por meio das palavras, suas memórias, seus pensamentos e suas aspirações.

As atividades propostas a partir do contato com o escritor e a artista plástica permitiram que as crianças também descobrissem que, por meio da pintura, podiam expressar seus sentimentos e pensamentos e até mesmo "reproduzir" o que estivesse ao alcance de seus olhos: realizaram pinturas, criaram suas próprias obras, dando nome a cada uma delas; desenharam os funcionários da escola assim como Tarsila desenhou seus amigos. Seu quadro *O vendedor de frutas* inspirou uma divertida brincadeira com as frutas e uma pesquisa sobre seus benefícios na alimentação. Preparamos deliciosos sucos e experimentamos misturar sabores.

Entre gostosas brincadeiras de sabores, degustação e adivinhação, descobrimos frutas pouco presentes na nossa alimentação, como: amora, pitanga e acerola. Fizemos receitas de panqueca de banana, bolos de caneca com goiabada, *chips* de banana (que não deram certo, pois descobrimos que a banana estava muito madura para fazer *chips*). Degustamos bananada e goiabada, inspirados na música "Sítio do Picapau Amarelo", de autoria de Gilberto Gil:

Marmelada de banana, bananada de goiaba
Goiabada de marmelo

Sítio do Picapau Amarelo, Sítio do Picapau Amarelo

Boneca de pano é gente, sabugo de milho é gente
O sol nascente é tão belo

Sítio do Picapau Amarelo, Sítio do Picapau Amarelo

Nessa história toda, de tantos sabores, só não encontramos o marmelo para experimentar... Depois, divertimo-nos com as poesias de Elias José (2006). A cada fruta apresentada com tanto encantamento em seu livro *Poesia é fruta doce e gostosa*, ficávamos com água na boca. O coco, com sua água fresquinha e sua poupa branquinha, foi matéria de pesquisa: manuseamos um cacho de cocos, retirando as palhas, soltando o fruto, sentindo o peso, observando o tamanho, a textura de sua casca, em meio à dificuldade e à ansiedade para abri-lo e encontrar a surpresa que seu interior nos reservava. Então, bebemos aquela água gostosa.

A arte com Tarsila despertou sensibilidade, afetividade, revelou identidades, na forma única de as crianças realizarem as pinturas, com traços e formas que indicavam claramente quem era o autor de cada obra produzida. Permitiu desenvolver a autoestima, a valorização pessoal, trouxe confiança ao grupo.

Leitura, escrita, crianças e famílias: Conquistas

Assim como Pedrinho – que era o que queria ser, porque era um sonhador, via o que queria ver, porque era um sonhador, ia aonde queria ir, porque era um sonhador –, a literatura nos proporcionou atravessar os muros da escola, ampliando oportunidades de ouvir e ler histórias não só para as crianças, mas para suas famílias também.

Meninas e meninos do grupo têm muito interesse pela leitura e pela escrita. São apaixonadas por literatura. Os livros e os brinquedos se misturam numa mesma experimentação e exploração. Amam utilizar os livros como parte das brincadeiras. E, aos poucos, fomos percebendo que a escrita também começava a fazer parte daquele universo. A vontade de compreender o que estava escrito nos diferentes suportes disponíveis aparecia: na comparação dos sons que se repetiam em palavras diferentes que ouviam nas histórias, na consulta ao alfabeto móvel, na associação ao nome dos personagens, na relação e nas listas de compras das brincadeiras, no nome das frutas pesquisadas, nas construções das regras de um jogo, no nome das barracas dos acampamentos que fazíamos, com tendas de lençóis, nas receitas de consultas médicas dos seus bonecos, na construção dos convites para as festas que realizávamos, na escrita das receitas dos alimentos que produzíamos. Queriam saber e dar nome a tudo, e tentavam descobrir naturalmente.

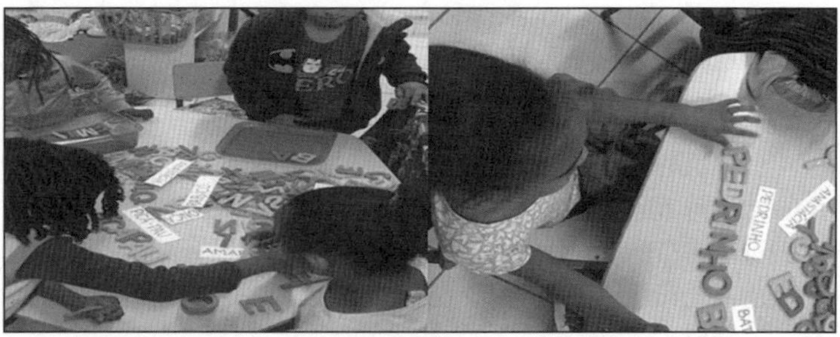

A construção de hipóteses, brincando com as letras, fazia-se presente na tentativa e na descoberta de palavras, na escrita dos nomes, na percepção dos sons e do mundo letrado do qual se aproximavam e se apropriavam brincando, experimentando e construindo conhecimentos em campos de experiência que iam das ciências naturais às lógicas. Juntavam, agrupavam, separavam, dividiam, somavam, diminuíam, organizavam, faziam sequência, experimentavam texturas e formas. E, dessa forma, criavam, recriavam, construíam, desconstruíam e reconstruíam num processo contínuo e riquíssimo de aprendizagem compartilhada.

Diante das aventuras vividas com Pedrinho e sua turma do Sítio do Picapau Amarelo, muitas descobertas foram feitas. Uma delas foi um livro de curiosidades sobre os animais, que conta um pouco dessa divertida "pesquisação", organizado a partir da curiosidade das crianças: que bichos eram aqueles que apareciam no sítio, no livro *Caçadas de Pedrinho*?

> O livro de curiosidades começou com a preparação de uma lista de perguntas: o que as crianças queriam saber sobre aqueles animais? Na sala, na roda, anotamos: Como vivem? O que comem? Como andam? Qual a velocidade? Quanto pesa? São carnívoros ou não? Como nascem? Quanto tempo vivem? (Caderno de registro, 2016)

Foi realmente uma "pesquisação"! As crianças iam ao computador e digitavam o nome dos bichos no Google. Observavam as imagens, as características, e a professora lia os textos que acompanhavam as imagens na Wikipédia; assistiam a vídeos dos referidos animais no YouTube (documentários); desenhavam os que mais gostavam e depois contavam para os amigos sobre suas pesquisas e descobertas.

Pesquisaram: ariranha, jaguatirica, peixe-boi, boto-cor-de-rosa, onça-pintada, jacaré. Esse trabalho de pesquisa durou de três a quatro meses aproximadamente. Ao final, depois de todo o processo, construímos um livro grande de papelão, com desenhos e textos criados pelas crianças e também baseados na pesquisa realizada. Outras ideias surgiam: que tal produzir um livro de verdade?[2] Ser autor de suas próprias histórias, publicar essas histórias em um livro impresso em gráfica – essa ideia encantou as crianças e suas famílias. Numa perspectiva de que tudo é possível se sonharmos juntos, família, professores, crianças e equipe pedagógica ajudaram a concretizar esse projeto. O livro *Curiosidade animal* foi compartilhado com as famílias, com direito a tarde de autógrafo. E foi um sucesso! Na apresentação do pequeno volume, escrevemos:

> Curiosidade animal – um livro feito por crianças para informar e divertir.
>
> Quando duas professoras se pegam a encarar o mundo infantil com

2. Agradeço à professora Carmen Lucia Martins pelo apoio a esse projeto.

os olhos das próprias crianças, isso pode se tornar uma animada brincadeira.

Eles são curiosos, elas também.
Eles são animados, elas também.
Eles não têm limites para aprender, elas também não têm. (Trecho do livro criado pela turma e as professoras, 2016)

A relação da criança com o livro é intensa, é única, é real, permeando emoções e produzindo reações. É uma porta aberta para novas experiências; por ela se pode entrar e viver com intensidade, sem reservas, encontrando prazer e diversão. A literatura permite ouvir, sentir e se expressar sem fronteiras; por meio dela a criança pode estar em seu mundo imaginário ao mesmo tempo em que encontra espaço para se colocar como ser pensante e reflexivo.

Finalizando um ciclo de encontros com uma gente miúda e desafiadora

No grupo, nosso papel de professoras se transforma, conforme as fantasias das crianças. Para elas, somos bruxas, princesas, fadas, amigas, heroínas, vilãs, cozinheiras, cabeleireiras, piratas e até jogadoras de futebol. Seus corpos se movimentam, suas mentes maquinam, suas vozes gritam; às vezes doces e meigas, outras vezes duras e distantes; às vezes realidade, outras vezes fantasia; pequenas na estatura, mas gigantes em seus sonhos: são crianças que encantam e que por nós, professoras, são percebidas e compreendidas em suas potencialidades e em seus direitos.

Ao refletirmos sobre o vivido, percebemos que não basta abrir espaço para as brincadeiras, não basta um planejamento criativo: educação infantil é mão na massa, é corpo a corpo, é toque, olho no olho, é estar junto e misturado. É viver a realidade e dar asas à fantasia, sonhando com meninas e meninos, com sensibilidade para acolher o algo mais que pode surgir debaixo de uma caixa, num pano amarrado nas costas, nas xícaras de chá e café oferecidas na casinha, nos blocos empilhados ou nas massinhas misturadas. É fazer renascer todo dia, como professoras, a criança que fomos ou que desejávamos ser, e proporcionar às crianças com as quais convivemos, a certeza de que podem ser, de que seus direitos são respeitados, de que suas interações e brincadeiras têm lugar assegurado.

Fechando um ciclo de histórias vividas, escritas e aqui compartilhadas, os olhos brilham de satisfação e gratidão pelas experiências e aprendizagens vivenciadas no encontro com esse ser que é múltiplo – ser pirraça, ser alegria, ser que desafia –, esse ser que é criança. Essa gente miúda, que traz vida ao espaço, quando encontra oportunidades para se divertir e aprender.

Para ser professora na educação infantil, é preciso sonhar e acreditar no potencial das crianças e da educação que se faz no cotidiano das escolas. É preciso olhar através dos olhos dessas crianças para conhecer o universo infantil, sonhando junto com elas, imaginando e pegando carona em suas fantasias e imaginações para criar um planejamento rico e significativo. É construir uma relação de confiança, preparar a terra para o plantio, cuidando e educando, até que os frutos possam ser percebidos, cada um a seu tempo e na singularidade do seu sabor.

Com esse grupo, aprendemos a ter um olhar de pesquisadora, mediadora, numa estrada de duas vias: observar e interagir, estar longe e perto, propor e acolher propostas, transformando em ações pedagógicas os desejos e necessidades compartilhados, construindo um trabalho cheio de ousadia.

Entendemos que não há limites para aprender e que a afetividade é a chave para abrir muitas portas que, por inúmeras razões, se fecham nos aprendizados de algumas crianças. Compreendemos que conhecer a história de cada um é o fio condutor para um trabalho mais coerente, que desenvolve confiança, segurança, fortalece a autoestima, descobre talentos e habilidades importantes para o desenvolvimento infantil.

Estamos contribuindo para construir caráter e influenciamos também a qualidade de vida. Somos professoras e parte dessa história que as crianças constroem dia a dia. Por isso, hoje vemos que cuidar e educar é muito mais do que dizem os livros e as teorias: cuidar e educar é ver a criança no todo, é contribuir para um ser humano saudável e uma sociedade melhor.

Educação infantil é uma responsabilidade. É aqui o princípio de tudo. Precisamos projetar com as crianças e as famílias o que realmente desejamos de melhor. E nessa turma desafiadora testemunhamos o quanto é possível praticar uma educação transformadora caminhando juntos, olhando no olho, acolhendo a voz e garantindo espaço para a vez de meninas e meninos curiosos, cheios de porquês, sedentos por aventuras e buscas de respostas – ao infinito e além.

Referências bibliográficas

AMARAL, T. do (2013). *Folha de S.Paulo*. Coleção Grandes Pintores Brasileiros.

BRASIL (2009). *Diretrizes curriculares nacionais para a educação infantil*. Brasília: MEC/SEB.

FLAUZINO, S. (2016). *A olimpíada dos bichos e outros contos animais*. Rio de Janeiro: Bambolê.

GANDINI, L. (1999). "Espaços educacionais e de envolvimento pessoal". *In*: EDWARDS, C.; GANDINI, L. e FORMAN, G. *As cem linguagens da criança: A abordagem de Reggio Emilia na educação da primeira infância*. Porto Alegre: Artmed, pp. 145-158.

JOSÉ, E. (2006). *Poesia é fruta doce e gostosa*. São Paulo: FTD.

LOBATO, M. (2005). *Reinações de Narizinho*. São Paulo: Brasiliense.

______ (2010a). *Caçadas de Pedrinho*. São Paulo: Globo.

______ (2010b). *A reforma da natureza*. São Paulo: Globo.

PARREIRAS, N. (2008). *Coisas que chegam, coisas que partem*. São Paulo: Cortez.

SECRETARIA MUNICIPAL DE EDUCAÇÃO/FUNDAÇÃO MUNICIPAL DE EDUCAÇÃO (2010). *Referenciais curriculares para a rede municipal de ensino de Niterói: Educação infantil*. Niterói.

7
MARCAS DOS SABERES E FAZERES DE CRIANÇAS E PROFESSORAS

Isabella Coelho Figueiredo

O registro e a documentação pedagógica, na educação infantil, têm se constituído como instrumentos do trabalho pedagógico. Por um lado, o chamado registro diário, articulado com o planejamento e a avaliação, dá visibilidade às experiências tecidas e vividas com as crianças; marcando um espaço propício para a reflexão, é também potencializador da escrita do professor, que se afirma como autor, educador-narrador. Por outro lado, a documentação pedagógica amplia o exercício do registro de memórias e vivências, por meio do uso de diferentes ferramentas (pequenos vídeos, gravações de áudio, desenhos, fotografias, álbuns, dentre outras), potencializando a investigação dos processos de conhecimento e aprendizagem de crianças e professores.

Que contribuições a utilização de diferentes registros traz à educação infantil e a seus professores? Essa foi a questão central que atravessou o trabalho de investigação que dá base a este capítulo e, para responder a ela, utilizei alguns dados coletados durante minha participação como bolsista de iniciação científica (entre agosto de 2015 e agosto de 2016) na pesquisa "A dimensão estética da documentação pedagógica: Poéticas do processo" (Ostetto 2014), realizada na Unidade Municipal de Educação Infantil (Umei) Rosalda Paim, no município de Niterói.

Para a produção de dados, registrei em caderno de campo as reuniões de planejamento e de formação continuada realizadas na Umei, das quais participavam todas as professoras, as pedagogas e as diretoras da instituição. Tais registros foram sistematizados em relatórios mensais, estes de caráter descritivo-analítico. Também identifiquei e classifiquei os materiais produzidos como registro e documentação pelas professoras em seu fazer cotidiano, detendo-me na análise de um específico material: os blocões – espécie de álbum com folhas grandes de cartolina e espaço para anotações de histórias do grupo e produções das crianças e das professoras, conforme o trabalho pedagógico que estejam desenvolvendo. Esse material será o foco de minha análise no presente capítulo.

Antes de desenvolver a análise proposta, volto-me para outros registros, outras memórias: conto sobre meus processos, com base nos quais dou visibilidade a histórias que constituem meus itinerários formativos. Deste início, vou articulando a temática em questão, dissertando sobre observar, registrar e refletir na educação infantil, e sobre a documentação como meta.

Memórias: Eu lembro, registro e conto

Compreendido como uma ferramenta de reflexão e qualificação do educador da educação infantil, o registro se caracteriza pela presença constante da memória e da autoria, por vezes obscurecidas pela correria do dia a dia, pelo medo da exposição, pelo desafio que provoca ou pelo distanciamento da linguagem sofrido pelo educador ao longo da vida, que pode não se enxergar como narrador, exímio contador de histórias.

Pelo registro, o educador pode dar visibilidade e qualificar o trabalho construído no dia a dia com as crianças, rememorando as vivências do cotidiano e exercitando diariamente a "memória compreensiva" (Warschauer, *apud* Ostetto, Oliveira e Messina 2002) e, com ela, a sua autoria, percebendo a necessidade de ter em mãos partes da sua trajetória pessoal e profissional.

No contexto deste capítulo, rememorar – ter em mãos partes marcantes da minha trajetória, contadas em um novo contexto, em outro tempo, repletas de ressignificações – abre-se como oportunidade de diálogo entre múltiplas narrativas: as minhas, as de algumas educadoras e as de algumas crianças. Escrever minha narrativa, marcada por sentimentos, dúvidas, descobertas, aprendizados, acertos, escolhas, erros e tudo quanto foi lembrado para ser compartilhado, contribuiu para o desenvolvimento dessa investigação educativa.

Entre leituras e reflexões, encontro na proposta de um memorial as ferramentas necessárias para essa construção. Por meio dele é possível (re)viver as experiências, tanto pessoais quanto profissionais, que permeiam a minha identidade profissional, contando as histórias que se caracterizam como significativas no tempo presente. Afinal, as histórias dão sentido à vida dos professores, à vida dos homens de um modo geral; por meio delas damos significados ao mundo.

Associamos a história a um conjunto de fatos marcantes que revelam o passado da humanidade, porém poucas vezes olhamos para trás buscando encontrar nossas próprias histórias. Como referido anteriormente, a correria do dia a dia às vezes impossibilita o educador de fazer essas marcações de tempo, e, se isso ocorre, ele perde seu princípio de formação, ele perde o cerne da educação.

Então, este é o ponto de partida. Permito-me dar voz às memórias que contam minha trajetória da infância ao exercício da prática pedagógica. Edifico uma ponte entre o passado e o presente, não com o objetivo de buscar respostas, mas com o objetivo de fazer um (re) conhecimento do percurso vivido, dando visibilidade às histórias que me constituem e que provocam outros enredos no caminho de minha formação docente, projetando-me.

E começo com lembranças sobre o desenho. Desenhando se vai longe...

Numa folha qualquer eu desenho um sol amarelo
E com cinco ou seis retas é fácil fazer um castelo
Corro o lápis em torno da mão e me dou uma luva
E se faço chover, com dois riscos tenho um guarda-chuva.
Toquinho ("Aquarela")

O desenho pode ser interpretado como um dos primeiros movimentos para a linguagem escrita, um dos primeiros registros utilizados pelas crianças para marcar seus gostos, suas simbolizações, sua autoria e o modo como compreendem o mundo. A música "Aquarela", composta por Toquinho e Vinícius de Moraes, traduz essa ideia e desperta em mim lembranças afetivas, do tempo em que separava cadernos para desenhar os meus sonhos, as minhas vivências, os meus encantamentos e os aprendizados, marcando a época e fazendo a minha história, assim como explica a autora Madalena Freire (1995, p. 42):

> Mediados pelo registro deixamos a nossa marca no mundo. Há muitos tipos de registro, em linguagens verbais, não verbais; todas, quando socializadas, historificam a existência social do indivíduo. Mediados por nossos registros, reflexões, tecemos o processo de apropriação de nossa história, a nível individual e coletivo. A criança tem seu espaço de registro, *reflexão*, concretização de seu pensamento, no desenho, no jogo e na construção de sua escrita.

No decorrer do tempo, passei a tentar desenhar as letras, quando ainda não as sabia de cor. Ficava horas a fio sentada de frente a uma bancada com um aparelho de telefone ao lado, representando uma secretária, que atendia a telefonemas e precisava anotar inúmeros recados. Guardei esses registros durante um longo período. Cada vez que os manuseava, revivia a brincadeira. Revivia a minha infância, refletindo também sobre ela. Ainda não sabia escrever segundo a lógica dos adultos, mas a minha "escrita" era divertida, diferente, estava em um intenso processo de descoberta.

As letras passaram a se unir, formando palavras e adquirindo sons diversos. Na escola, era incentivada pelas professoras a ler cada vez mais: ler as placas nas ruas, ler pequenos livros, ler notas de supermercado, ler o que quisesse ler. A escrita, nesse período, baseava-se na memorização das letras, nas cópias e na separação de sílabas, até que encontrei uma professora que acolhia minha imaginação, dava espaço para o aprendizado significativo. Nas suas aulas, eu inventava histórias, registrava-as e lia para os colegas, sem medo, com confiança, com autoria.

Essa professora costumava registrar as histórias dos alunos: semanalmente, ela sentava-se com um deles e pedia que ele lhe falasse um pouco sobre seus *hobbies*, suas atividades favoritas na escola, seus alimentos prediletos, dentre outras informações. Logo após, ia para o quadro junto com ele e iniciava uma breve narrativa sobre a vida do aluno, a qual intitulava "História de vida". Foi muito significativo, eu lembro, ser ouvida e ter minha história escrita no quadro, contada para toda a turma. Essa prática adotada pela professora me marcou demais.

Pela aproximação com a escrita que ultrapassa a cópia e almeja a criação, passei a fazer meus próprios registros, sem data ou hora marcadas. Na escola, anotava as atividades do dia e escrevia as minhas próprias histórias durante os intervalos. Em casa, com um quadro novo que acabara de ganhar, lecionava para um grupo de bonecas; parecia pressentir que numa determinada época eu me tornaria professora/pedagoga. Inventava histórias, conversava com as "alunas" e escrevia, escrevia... escrevia durante longos períodos.

Apaixonava-me cada vez mais pela escrita, com suas formas, seus sons e suas variadas interpretações. Ano a ano ganhava uma agenda escolar e nela anotava fatos dos meus dias, até que uma delas ganhou o título de diário quando completei 14 anos. Foi o ápice da adolescência. Sentia a necessidade de guardar cada momento.

Ao ingressar no ensino médio, na rede pública estadual do Rio de Janeiro, o diário foi esquecido e substituído pelo treino de redações dissertativas, exigidas nos vestibulares a serem prestados nos anos seguintes, além das poucas oportunidades de produções autorais propostas por professores. Durante três anos, não me enxerguei como autora da minha própria história; senti-me aprisionada num universo de fórmulas, cálculos e receitas de escrita; parecia ter perdido a capacidade imaginativa, criadora. Perguntas simples, respostas objetivas. Quando poderia refletir, fazer uso da criatividade?

No 3º ano do ensino médio, aos sábados, durante 12 horas (das 7 às 19 horas) frequentava o pré-vestibular social no *campus* da Praia Vermelha, da Universidade Federal Fluminense (UFF). Horas infindáveis de estudos. Próximo ao período de prestar vestibular, senti-me instável – dúvidas, incertezas e muito desespero passaram a cruzar meu pensamento: será que passarei logo na primeira tentativa? Sempre fui estudante de escola pública, será que tenho capacidade? Inúmeras pessoas reforçavam esse pensamento: como serão as provas? Será que você está preparada o suficiente? E a pergunta que mais me afligia: qual carreira irei seguir? Rubem Alves, renomado educador brasileiro, fala de maneira contundente sobre esse período ao qual os adolescentes têm sido submetidos cada vez mais cedo, assim como eu fui:

> Esse é o mês que mais sofro por causa de vocês, moços. Tenho dó. Ainda nem deixaram de ser adolescentes, e já são obrigados a comprar passagens para um destino desconhecido, passagens só de ida, as de volta são difíceis, raras, há uma longa lista de espera. Alguns me contestam: afirmam saber muito bem o lugar para onde estão indo. Assim são os adolescentes: sempre têm os bolsos cheios de certezas. Só muito tarde descobrem que certezas valem menos que um tostão furado. (Alves 2000, p. 41)

Definitivamente, não sabia para onde estava indo, mas tinha certeza de que a decisão em algum tempo deveria ser tomada. Provas feitas, notas recebidas: o que fazer? Para onde ir? No Exame Nacional do Ensino Médio (Enem), como primeira opção, decidi pelo curso de ciências contábeis, acredito que pela simpatia pela matemática, e, como segunda opção, decidi pelo curso de Pedagogia da UFF – aquela professorinha que lecionava para as bonecas retornava às lembranças. Saíram os resultados, havia sido contemplada com uma vaga – alegria na alma e no coração.

Os dois primeiros semestres, considerados como parte de um período de adaptação, foram difíceis, e eu cheguei a pensar em trancar o curso. Nessa ocasião, busquei um estágio na área de educação infantil, a fim de ampliar os horizontes em relação à profissão, com a qual parecia identificar-me desde quando era "professorinha das bonecas", e desistir, em definitivo, da ideia do trancamento de matrícula. A partir desse estágio, numa escola privada, fui me aproximando cada vez mais da educação infantil. No período de um ano e meio, atuei em duas turmas: Jardim 1 (3 a 4 anos) e Jardim 3 (5 a 6 anos), mas ainda me sentia aprisionada nas dúvidas e no medo de "fazer errado" – creio que pelo fato de, naquela época, ainda não ter tido contato com a disciplina de educação infantil, ou temas relacionados.

Na prática, fui aprendendo – ou desaprendendo? – a arte de educar. Determinadas situações geravam questionamentos e incômodos, como, por exemplo, a escrita dos relatórios das crianças. Via o desespero por parte das professoras, na época de elaborar os relatórios, e me perguntava: se a escrita é instrumento de trabalho de todo professor, por que o receio diante da tarefa de escrever seus relatórios? Estes eram redigidos ao final de cada semestre a fim de expor aos pais o caminho escolar que os filhos estavam trilhando. Todavia, eu também notava que, durante o semestre, as professoras não realizavam registros parciais ou anotações diárias sobre as crianças, tampouco sobre suas ações no cotidiano da sala de aula, de modo que pudessem refletir sobre elas e pensar em novas ações. Aí parecia estar um nó que explicava, em parte, aquele desespero testemunhado.

Como estagiária, lendo alguns desses relatórios produzidos pelas professoras, percebi que era comum encontrar a atribuição de rótulos aos alunos: fulano é inteligente, comunicativo(a), observador(a), tímido(a), teimoso(a) etc., e a comunicação dos conteúdos que, supostamente, as crianças já dominavam, fatores colaborativos na construção de estereótipos. Os relatórios caracterizavam-se pela superficialidade, considerando as generalizações dos comportamentos das crianças, pois, se não havia registro diário, como as professoras conseguiriam relembrar as vivências com os alunos?

Apesar dos questionamentos e dos incômodos, só foi possível realizar uma análise mais reflexiva sobre a necessidade do registro, quando iniciei a disciplina de educação infantil, após a minha saída da escola. Temas como: espaço, rotina, registro, relatório, dentre outros referentes à área da educação infantil, constituíam-se como temas das aulas, e foram fundamentais para ampliar minha compreensão sobre a educação de crianças pequenas. Concomitantemente, realizei o estágio obrigatório da disciplina "Pesquisa e prática pedagógica V – Educação infantil", de modo que passei a compreender o que era o registro no exercício da profissão professor.

Enquanto cursava tais disciplinas, também era bolsista do Programa Institucional de Bolsa de Iniciação à Docência (Pibid) com uma turma do 2º ano do ensino fundamental. O projeto, sobre múltiplas linguagens, era registrado em fotos, vídeos, desenhos, produções variadas das crianças e relatos escritos das bolsistas e da professora da turma. Comecei a perceber que tais ações se constituíam como instrumentos de observação e reflexão do trabalho realizado. Conseguia observar pontos de ligação entre o que estudava nas disciplinas e o trabalho realizado na escola, além de ir compreendendo quão provocativa era a escrita e quão necessário era o registro diário: marcando ações, falando sobre a prática pedagógica do grupo de bolsistas, guardando num HD externo situações que fatalmente seriam esquecidas na correria do dia a dia, "dando condições assim de voltar ao passado, enquanto se está construindo a marca do presente. É neste sentido que o registro escrito amplia a memória e historifica o processo, em seus momentos e movimentos, na conquista do produto de um grupo" (Freire 1995, p. 44).

No movimento de reconhecimento do registro como instrumento de trabalho, a relação com a escrita foi se intensificando, assim como o interesse pelo tema. Nesse contexto, fui convidada a participar do projeto “A dimensão estética da documentação pedagógica: Poéticas do processo” (Ostetto 2014). Em agosto de 2015, iniciei a participação no projeto.

No contato com minhas memórias e histórias, contadas de outro tempo e outro lugar, percebo alguns aspectos que constituíram e permanecem constituindo a minha vida pessoal e profissional, hoje que já concluí o curso de pedagogia. Contar histórias, como já fiz referência, é parte constitutiva de todos os seres humanos, porque nos fazemos pela narrativa, pelo uso das palavras, porque elas

> determinam nosso pensamento, porque não pensamos com pensamentos, mas com palavras, não pensamos a partir de uma suposta genialidade ou inteligência, mas a partir de nossas palavras. E pensar não é somente “raciocinar” ou “calcular” ou “argumentar”, como nos tem sido ensinado algumas vezes, mas é sobretudo dar sentido ao que somos e ao que nos acontece. E isto, o sentido ou o sem-sentido, é algo que tem a ver com as palavras. E, portanto, também tem a ver com as palavras o modo como nos colocamos diante de nós mesmos, diante dos outros e diante do mundo em que vivemos. (Larrosa-Bondía 2002, p. 21)

Por meio das minhas palavras, eu dou sentido ao que me aconteceu, refletindo, ressignificando muitas experiências que me tocaram, fizeram-me descobrir sentimentos – insegurança, felicidade etc. – e mostraram-me como vim me colocando perante o mundo, principalmente no que diz respeito aos registros.

Durante um tempo, como evidenciei na minha narrativa até aqui, senti que havia perdido a capacidade de escrever, de registrar, com autoria e criatividade. Mas, na universidade, com algumas oportunidades narrativas, a porta para a escrita foi reaberta. Ainda bem! Pois considero que, como pedagoga (educadora-pesquisadora), devo ser uma exímia ouvinte e contadora de histórias. Os registros serão os instrumentos de trabalho mediadores para a produção de tais histórias, que falarão sobre mim, sobre minha prática, sobre as crianças, sobre meu local de trabalho, sobre as experiências, sobre tudo que as palavras puderem comportar. E eu quero ser a autora dessas histórias!

Sobre observar, registrar e refletir na educação infantil

Na educação infantil, o registro escrito comumente se materializa em blocos de notas, cadernos de registro diário, relatórios ou diários de aula, e é considerado como uma ferramenta fundamental que possibilita ao educador refletir e qualificar a sua prática. Em conjunto com o planejamento e a avaliação, também possibilita visibilizar e qualificar o trabalho desenvolvido com as crianças no cotidiano, uma vez que é espaço propício para marcar e analisar as experiências vividas (Ostetto 2008). A prática do registro coloca educadores e educandos como protagonistas de suas histórias, porque também se concretiza como um recurso favorável para revelar as crianças, sujeitos de direitos que sentem, falam, argumentam cada vez mais.

No Brasil, nas últimas décadas, fomos percebendo fatores colaborativos para o reconhecimento do registro como instrumento de trabalho, na mesma medida em que as crianças foram sendo reconhecidas como sujeitos de direitos, cidadãs (Art. 207, Constituição Federal, 1988), que têm direito a uma educação que, de fato, atenda às suas especificidades.

Com a Lei de Diretrizes e Bases da Educação Nacional (1996), a educação infantil foi estabelecida como primeira etapa da educação básica. Vimos na letra da lei a primeira referência ao registro como ferramenta pedagógica para auxiliar o processo avaliativo das crianças. Em 1998, com o *Referencial curricular nacional para a educação infantil* (Brasil 1998), acrescenta-se que a observação, o registro, o planejamento e a avaliação são recursos essenciais para a reflexão da prática do professor com as crianças. A concepção de registro destacada comporta, como instrumento de observação, não somente a escrita.

Em 2009, com as *Diretrizes curriculares nacionais para a educação infantil* (Brasil 2009), as instituições que oferecem a primeira etapa da educação básica são orientadas a utilizar múltiplos registros, que se materializam em fotografias, pequenas filmagens, gravações de áudio, dentre outros recursos que compõem a "documentação pedagógica", para acompanhar o trabalho pedagógico e para avaliação do desenvolvimento das crianças.

No cotidiano, o registro irá se concretizar como uma ação que gera marcas, retrata o vivido e pode ser considerado como um documento norteador e um instrumento de trabalho do professor da educação infantil, que não fica somente atrelado à avaliação, ao exercício de acompanhamento, porque possibilita a articulação dessa ação ao planejamento.

Acompanhando as ações da pesquisa da qual participei como bolsista, conforme já fiz referência, pude testemunhar que as professoras em conjunto refletiam sobre os impactos do uso dessa ferramenta no exercício pedagógico, destacando algumas de suas contribuições: permite a autoavaliação, ajuda a ter um olhar mais próximo das crianças, apoia as mediações do cotidiano, ajuda a dar atenção aos detalhes e dá base para a manutenção da memória viva.

As professoras falam do olhar mais próximo, do aprendizado de um olhar desnaturalizado, que eu associo ao "olhar estudioso, curioso, questionador, pesquisador, [que] envolve ações exercitadas do pensar: o classificar, o selecionar, o ordenar, o comparar, o resumir, para assim poder interpretar os significados lidos", do qual falava Madalena Freire (1995, p. 14), interpretando aquilo que se vê no espaço educativo. O instrumento da observação é que irá apurar o olhar (assim como a escuta atenta), um olhar que tem a necessidade de ser pautado, de ter um ou mais focos durante as atividades, buscando atentar-se para a aprendizagem das crianças, individual e coletivamente, para a dinâmica do trabalho pedagógico e/ou para outros aspectos que se julgarem necessários.

Os registros diários das ações, das relações, das aprendizagens, das interações e das brincadeiras abrem uma possibilidade alternativa para pensar e fazer avaliação, considerando como alvo o processo que revela as crianças com todas as suas maneiras de estar e vivenciar na/a escola, as suas especificidades. O professor permite-se ir além da preocupação exacerbada com os produtos finais: pastinhas, portfólios, murais etc., justamente por retratar o vivido, o processo, e não objetivar passar os meses fazendo relatos sobre culminâncias.

Registrando, como docentes, podemos reviver o passado, rever a prática e refletir sobre ela, como sinaliza Freire (1995, p. 44): "O professor (...), tem seu espaço de registro, reflexão, concretização de seu pensamento, no diário. Registro da prática cotidiana, avaliação e planejamento de sua ação, junto aos educandos". O novo olhar, construído por meio da reflexão sobre o conteúdo do registro, irá "alimentar" o planejamento, pois as propostas desenvolvidas com as crianças e as hipóteses levantadas por elas, além das dúvidas surgidas durante o percurso de trabalho, dentre muitos outros acontecimentos que serão observados, registrados e analisados, podem ser retomadas e/ou redefinidas para dar continuidade ao trabalho. Por isso apresenta-se como uma necessidade para o exercício pedagógico, um verdadeiro instrumento de trabalho.

> Para além de uma tarefa a ser executada ou técnica a ser aplicada, o registro diário, compreendido como espaço privilegiado da reflexão do professor, converte-se em atitude vital. Quando vivenciado no seu sentido profundo, com significado, dá apoio e oferece base para o professor seguir sua jornada educativa junto com as crianças. Nesses termos, é verdadeiramente um instrumento de trabalho, articulando-se ao planejamento e à avaliação. (Ostetto 2008, p. 13)

Nos momentos em que o professor registra, ele se coloca num espaço particular, não burocrático, em que é autor/criador e escolhe a melhor maneira para escrever. Por isso é um espaço vital: de aprendizagem, enfrentamento do medo e superação de limites, já que cada um poderá experimentar o seu "jeito" de escrever. Como afirma Cecília Warschauer (*apud* Ostetto 2008, p. 26), "escrever é imprimir o próprio pensamento, diferentemente da prática de reproduzir, copiar a palavra alheia, modalidade esta dominante na escola (...). [Na] narrativa da experiência docente, o professor enquanto pessoa, identidade única, mostra-se em seu texto".

Dessa forma, tais registros convertem-se em documentos, que não serão, jamais, esquecidos – no canto de um armário qualquer –, porque sua materialidade auxilia a rememorar os mais diversos momentos acontecidos junto do grupo de crianças, assegurando "a visibilidade do trabalho existente, tornando-se uma espécie de testemunho da escuta e do olhar atento de professores e professoras" (Leite 2010, p. 33).

A memória se torna viva nos escritos, possibilitando (re)viver o passado, reviver os gestos, as emoções, as palavras e os atos, embora esteja olhando de outro lugar, com um olhar distanciado, não neutro, mas livre dos sentimentos presentes no dia em que os registros foram realizados, apontando para outras direções, outras interpretações.

> A palavra escrita nos permite ir além da palavra, revelando pontos insuspeitados, ideias e entendimentos apenas delineados, que apontam para outras direções. Com ela podemos alargar a dimensão do detalhe: o que era mínimo se agiganta e o retrato de nossa prática ganha visibilidade. (Ostetto 2008, p. 21)

Tomando a prática nas mãos, pela palavra escrita, o professor pensa, compreende, repensa, redefine ou reafirma o que faz. O registro diário é, pois, um instrumento que alimenta a ligação entre teoria e prática, entre o velho e o novo, entre aprendizagens efetivadas e novos conhecimentos.

> O resgate da reflexão do educador sobre sua prática pedagógica é o embrião de sua teoria, que desemboca na necessidade de confronto e aprofundamento com outros teóricos. E, é nessa tarefa de reflexão que o educador formaliza, dá forma, comunica o que praticou para assim pensar, refletir, rever o que sabe e o que ainda não conhece; o que necessita aprender, aprofundar em seu estudo teórico. (Freire 1995, p. 45)

Como visto, o registro transforma o educador, os educandos e, consequentemente, o cotidiano da educação infantil, ao interferir no âmbito do trabalho pedagógico (avalição e planejamento), das relações afetivas e da construção da história de crianças e professores, de um grupo. No processo de escrita, de construção da narrativa, quando a observação ganha concretude, o professor tece suas memórias, tece seus pensamentos, refletindo sobre suas ações a partir de outro contexto, de outro tempo e de outro olhar.

Quando a documentação pedagógica ganha forma: Vozes, cores e materialidades

Por meio da documentação pedagógica, conceito-prática presente nas escolas para crianças pequenas na cidade italiana de Reggio Emilia (Edwards, Gandini e Forman 1999), as possibilidades de registro são ampliadas, sendo utilizadas variadas ferramentas para observação, que irão contribuir para a construção de uma nova perspectiva para a educação infantil. Nela, os saberes e fazeres das crianças são privilegiados, ganham visibilidade em vozes, cores e materialidades.

No cotidiano, para além do registro escrito como recurso, o professor pode ter a sua disposição variadas formas e meios de observação, constituindo narrativas e memórias que serão, ao mesmo tempo, conteúdo para investigação sobre a prática pedagógica e ampliação do conhecimento sobre as crianças. Refiro-me a múltiplos registros, como: vídeos, fotografias, gravações de áudio, desenhos e outras produções das crianças, compondo o que se tem chamado de "documentação pedagógica".

Nesse processo de documentação sistemática das experiências, das vivências e da percepção dos resultados com as crianças, os educadores de Reggio Emilia compreenderam que esse recurso serve a três funções:

> – oferecer às crianças uma memória concreta e visível do que disseram e fizeram, a fim de servir como um ponto de partida para

> os próximos passos da aprendizagem; – oferecer aos educadores uma ferramenta para as pesquisas e uma chave para a melhoria e renovações contínuas: – e oferecer aos pais e ao público, informações detalhadas sobre o que ocorre nas escolas, como um meio de obter seu apoio. (Edwards, Gandini e Forman 1999, p. 25)

Dahlberg, Moss e Pence (2003), ao analisarem o contexto italiano, destacam a documentação pedagógica como conteúdo e como processo. O conteúdo compreendido como as diferentes maneiras de documentar (quais instrumentos os educadores utilizam?; quais materiais?; o que registram?), e o processo como a reflexão que os educadores farão sobre os materiais, no diálogo com suas experiências, com as crianças ou com outros profissionais da instituição onde atuam.

Já Gandini e Goldhaber salientam que documentar não é apenas recolher dados sem compromisso, porque os registros dos professores – realizados de uma variedade de formas – devem ser pautados em

> uma observação aguçada e uma escuta atenta que estão contribuindo conscientemente com sua perspectiva pessoal. (...) [porque] os nossos pontos de vista sobre a infância e as nossas teorias pessoais influenciam aquilo que cada um de nós vê e escuta. (Gandini e Goldhaber 2002, p. 151)

A observação aguçada se trata do olhar curioso, do olhar questionador e da observação pautada, como também nos falava Madalena Freire (1995). Já a "escuta atenta" compreende o uso da audição para além das "orelhas" do professor, realizada com todos os sentidos, porque, segundo Loris Malaguzzi (1999), as crianças se expressam de diferentes maneiras, com suas "cem linguagens": elas sorriem, choram, ficam em silêncio, esboçam aprovação e reprovação, fazem gestos, pulam, constroem com materiais e objetos, utilizando, enfim, muitas outras formas de dizer, conhecer e expressar o mundo e seus conhecimentos.

A "escuta atenta" dessas linguagens demanda a atuação do educador como observador participante: que está perto sem ser intruso e está longe sem abandonar (Malaguzzi 1999), propiciando espaços e tempos para, também, perceber e interpretar como as crianças constroem conhecimento, como se relacionam com seus pares e com os adultos, e como interagem com o ambiente.

A produção do material da documentação pedagógica é realizada de diferentes maneiras e pode assumir várias formas, como afirmou-se anteriormente. Nessa direção, as ferramentas de observação não excluem uma à outra, elas se complementam, pelo fato de terem características próprias que possibilitam diferentes interpretações e olhares.

O vivido – os saberes e fazeres das crianças e do professor – materializado em escritos, vídeos, audiogravações ou desenhos precisa ser revisto, selecionado, transcrito (no caso de gravações), apresentado num contexto que revele a palavra e o processo da própria criança. Momento rico de reflexão sobre a prática pedagógica e sobre as vivências das crianças, que a cada dia se apresentam de uma maneira diferente, pois "quando executamos essas tarefas preparatórias, estamos começando a pensar no que observamos e estamos percebendo com maior clareza a nossa forma de nos relacionarmos com as crianças" (Gandini e Goldhaber 2002, pp. 153-154).

A socialização, situação que possibilita o cruzamento de diferentes pontos de vista e intepretações multifacetadas, é parte fundamental no processo de documentação, de modo que o professor aprende não só quando reflete sozinho, mas, sobretudo, enquanto reflete em conjunto. Os educadores de Reggio Emilia acreditam que a reciprocidade, o intercâmbio e o diálogo estão no âmago de uma educação bem-sucedida (Edwards, Gandini e Forman 1999).

Quando a documentação é revista, relembrada, ela ganha novas interpretações e gera novos conhecimentos, e essa ação precisa ser realizada tanto pelo professor, quanto pelas crianças, de modo que sejam levantadas hipóteses sobre os interesses e questionamentos de ambos. Os rumos que as crianças queiram tomar poderão ser examinados e estudados, para que o professor, em diálogo com elas, possa ter a sensibilidade de perceber a quais deve dar seguimento e encorajar.

O currículo, então, passa a ser tomado pelas observações dos professores sobre as ideias e os interesses das crianças, e elaborado com base nos pontos que o professor acredita que irão contribuir para o crescimento de cada uma delas, colaborando para a elaboração de um planejamento flexível, baseado na comunicação geradora da documentação, que

> acaba tornando-se uma fonte indispensável de materiais de que nos utilizamos diariamente a fim de poder "ler" e refletir criticamente, de forma individual e coletiva, sobre a experiência que estamos vivendo e os projetos que estamos explorando. Isso nos permite construir teorias e hipóteses que não são arbitrárias ou artificialmente impostas às crianças. (Gandini e Goldhaber 2002, p. 152)

A discussão da documentação pedagógica como prática no contexto brasileiro ainda se encontra em construção. No âmbito legal, como nas *Diretrizes curriculares nacionais para a educação infantil* (Brasil 2009), utiliza-se o termo "múltiplos registros", o que demonstra semelhanças à proposta da documentação pedagógica, embora deixe brechas para interpretações variadas. Algumas escolas que ofertam a educação infantil já se mostram preocupadas com a utilização dos múltiplos registros para documentar o trabalho pedagógico e acompanhar as vivências e experiências das crianças, no sentido de uma avaliação contínua e formativa; e, como resultado, têm buscado introduzir discussões sobre a temática em reuniões de planejamento e oferecer cursos de formação continuada, como constatado na Umei Rosalda Paim, durante o período da pesquisa.

A documentação como meta: Aprendizagens e movimentos da Umei Rosalda Paim

A Umei Rosalda Paim, localizada no centro de Niterói, oferece educação em tempo integral (das 8 às 17 horas) para crianças de 2 a 5 anos e 11 meses. Passei a fazer parte desse contexto em agosto de 2015. Encantei-me pela escola! Vi paredes que contavam histórias, sem E.V.A., sem desenhos realizados pelas professoras, cultura estética que marca presença na maioria das instituições. As produções das crianças fixadas nas paredes, em painéis de papelão ou plástico transparente envoltos por tecidos, fitas, gravetos, dentre outros recursos materiais diversificados, são características da pedagogia da escola. Nesse "modo de ser e fazer" por meio dos murais e exposições tão singulares, a instituição comunica sua proposta, aproximando pais e visitantes do trabalho qualitativo realizado ao longo do ano, transmitindo sensibilidade e delicadeza.

Acompanhei, entre agosto e dezembro de 2015, quatro encontros de formação continuada sobre a temática do registro (projeto desenvolvido com a participação da Faculdade de Educação da UFF) (Ostetto 2014), além das reuniões de planejamento semanais, organizadas e coordenadas pela equipe administrativo-pedagógica da instituição.

As duas primeiras reuniões de formação continuada foram desenvolvidas a partir da discussão sobre o conceito de registro, que teve como ponto de partida um simples questionamento: quando penso no registro na educação infantil, o que me vem à cabeça? Movidas pela memória da prática cotidiana com as crianças, as professoras fizeram algumas suposições, destacando aspectos parecidos: o registro se concretiza como reflexão da prática; descrição/narrativa de um processo; uma ferramenta para acompanhar o grupo; um documento que estamos sempre relendo para refletir sobre a prática, em que se dialoga com o vivido, o observado e o registrado; descrições de momentos e lembranças; um diário de bordo.

As suposições levantadas pelas professoras já estavam atreladas ao uso do registro no dia a dia; cada uma delas utilizava um caderno para a escrita de registros diários, material que era solicitado pela equipe administrativo-pedagógica, que já reconhecia a importância desse recurso. No entanto, os registros poderiam se delinear de uma maneira mais completa, sendo vistos pelas professoras como instrumento essencial para seus processos formativos, não apenas como uma atividade burocrática.

Na interlocução com as memórias do grupo de professoras, o conceito de registro se delineou como um instrumento de trabalho do professor, caracterizado como um documento, articulado ao planejamento e à avaliação. Como um espaço de memória do vivido, o registro embasa o planejamento, ao possibilitar a retomada da observação em um novo contexto/tempo/olhar, que leva à reflexão. A avaliação por vezes concebida como uma lista de objetivos a serem cumpridos pelas crianças dá lugar ao acompanhamento de um processo revelador, constituído pelas ações, relações, interações e brincadeiras, apontamentos confirmados por Ostetto (2008, p. 14):

> Para além de uma tarefa a ser executada ou técnica a ser aplicada, o registro diário, compreendido como espaço privilegiado da reflexão do professor, converte-se em atitude vital. Quando vivenciado no seu sentido mais profundo, com significado, dá apoio e oferece base para o professor seguir sua jornada educativa junto com as crianças. Nesses termos, é verdadeiramente um instrumento do seu trabalho, articulando-se ao planejamento e à avaliação.

Ao longo dos encontros, as reflexões acerca do registro foram aprofundadas e os aspectos da documentação pedagógica começaram a ser discutidos, ampliando o repertório de instrumentos de trabalho das docentes. Como primeiro movimento, elas levaram pequenos vídeos gravados em sala com as crianças, e também fotografias, que seriam compartilhados e discutidos. Então, foi proposto que cada uma delas tentasse descrever o que via objetivamente (o que tem na cena?), e em seguida analisasse (o que posso interpretar sobre a cena?). Por meio desse exercício, foram destacando e percebendo minúcias não captadas durante a gravação dos vídeos e a realização dos registros fotográficos.

Com o compartilhamento das observações, as professoras foram se comunicando umas com as outras e refletindo, comparando diferentes pontos de vista na interpretação das cenas, enquanto expunham dúvidas, incertezas, erros e acertos. Nesse processo, foram percebendo suas fragilidades, humanizando-se, permitindo-se descobrir que não sabem sobre todos os assuntos e que a prática pedagógica é passível de mudança, isto é, as marcas do presente são escritas e refletidas para serem materializadas em novas ações, porque, como afirma Freire (1995, p. 41), "não basta pensar, refletir, o crucial é fazer com que a reflexão nos conduza à ação".

Nas reuniões de planejamento realizadas semanalmente pela equipe técnico-pedagógica da instituição, o conceito de registro diário tornou-se pauta de discussão. Para além das suas contribuições na prática cotidiana, após leitura, reflexão e seleção, os registros diários fundamentaram a escrita do relatório final e de grupo das crianças, assemelhando-se aos "melhores momentos" de um filme a serem socializados. As professoras assumiram o processo como conteúdo de investigação, superando o caráter burocrático comumente atribuído à escrita no âmbito escolar, tomando em suas mãos seus processos formativos, tornando-se narradoras da história de um grupo e, consequentemente, narradoras/autoras de suas próprias histórias.

Com o passar do tempo dos encontros, na interlocução com autores e professora ministrante do projeto de formação continuada, os múltiplos registros, como uma prática pedagógica alternativa que qualifica o professor como pesquisador, para além das palavras escritas, passaram a ser incentivados por meio de variadas ferramentas de observação, que foram possibilitando a ampliação dos conhecimentos sobre as crianças das diferentes turmas: gravações de áudio, vídeo, desenhos, escrita das crianças etc.

Quando afirmo que "passaram a ser incentivados", considero as práticas de registro que já vinham sendo adotadas (fotografias e gravações de vídeo), embora não sistematicamente. As imagens não são meramente ilustrações ou retratos fidedignos do vivido, elas também se constituem como pauta de discussão, aspecto que pôde ser ampliado por meio dos encontros de formação e planejamento.

Os blocões: Marcas de autoria nas narrativas de professoras e crianças

Quando cheguei à Umei, encontrei uma prática singular de registro: os blocões, espécie de grande caderno, formado por folhas de cartolina

A3, no qual vão sendo anotadas descobertas e experiências vivenciadas pelo grupo, compondo um álbum das histórias compartilhadas ao longo do ano.

Vim a saber que tal instrumento foi proposto pela equipe administrativo-pedagógica, inspirada em outras ideias – como o "Livro da vida", idealizado por Celéstin Freinet, educador francês do começo do século XX; Madalena Freire e suas experiências na Escola da Vila; bem como as experiências nas escolas de Reggio Emilia –, com o propósito de incentivar a documentação de situações e momentos significativos de cada grupo.

Ao longo de minha presença e de meu envolvimento com a instituição, como bolsista de iniciação científica, presenciei as discussões acerca desse material e fiz a recolha de dados (por meio de fotografias, registros escritos e cópias de arquivos) que compunham a documentação pedagógica dos Grupos de Referência da Educação Infantil (Grei), como são denominadas as turmas de crianças, organizadas por idade.

Foram fotografados cinco blocões, dos seguintes grupos: Grei 2A (crianças entre 2 e 3 anos de idade), Grei 2B (crianças entre 2 e 3 anos de idade), Grei 3B (crianças entre 3 e 4 anos de idade), Grei 4B (crianças entre 4 e 5 anos de idade) e Grei 5B (crianças entre 5 e 6 anos de idade), com dois materiais. Aqui, apresentarei um pouco das características e dos conteúdos dos blocões do Grei 2B e do Grei 5B, escolha feita para buscar os extremos da faixa etária atendida na unidade, 2/3 e 5/6 anos.

Para dialogar com as produções dos blocões, comecei por algumas questões norteadoras: Qual(is) o(s) suporte(s) utilizado(s)? Há fotografias? Se sim, quais são as suas características: grandes ou pequenas, posadas ou espontâneas? São de cenas do cotidiano ou de situações previamente elaboradas? Quem cuida da "estética"? Alguém escreve no blocão? Quem? Comparando os dois blocões em análise, é possível perceber diferenças na organização, no conteúdo e na forma?

O blocão do Grei 2B

O blocão do Grei 2B tem como suporte um caderno em tamanho A3, no qual foram distribuídos, em ordem cronológica, fotografias e registros escritos, estes mantidos em destaque e contornados com fitas de cetim. Para guardá-lo, as professoras confeccionaram uma bolsa, com plástico resistente costurado nas bordas, considerando que ele poderia ser levado para casa pelos pais. As páginas foram coloridas com gizes, pelas professoras, para receber as pequenas fotografias, respeitando um modelo de organização quase da primeira à última página, em que se destacam os projetos e algumas das atividades realizadas ao longo do ano com o grupo.

Folheando o material, são perceptíveis no trabalho realizado as mãos das educadoras, que selecionam, escrevem, organizam, colam as fotografias e cuidam de sua estética, na mesma medida em que ele revela partes do cotidiano de descobertas, interações, brincadeiras e aprendizados construídos dia a dia entre elas e as crianças, todas compreendidas como sujeitos ativos no processo. A documentação pedagógica, que se diferencia da observação – como algo objetivo, que vislumbra buscar o retrato do real –, compõe-se nesse processo, que é de visualização, realizada por meio da escolha e da interpretação das professoras: "ela é uma construção social em que os pedagogos [professores], por intermédio do que selecionam como valioso de ser documentado, são também co-construtores participativos" (Dahlberg, Moss e Pence 2003, p. 193).

Pelas fotografias, estabelece-se um diálogo com o vivido, em que não cabem rótulos ou limitações sobre as crianças, que são vistas e revistas em variados momentos. O acompanhamento mostra-se contínuo. A maioria delas traduz a espontaneidade inerente às crianças e possibilita a identificação de atividades facilitadoras da utilização das múltiplas linguagens.

Logo nas primeiras páginas, encontramos instruções para o manuseio do material, porque semanalmente os responsáveis pelas crianças podem levá-lo para casa, uma ação que tem permitido o vínculo família-escola, cumprindo um dos objetivos da documentação pedagógica: a comunicação com todos os envolvidos no processo educativo, no caso as famílias.

O grupo corresponde à faixa etária de 2 anos. Muitas das crianças ainda estão em processo de desenvolvimento da fala e são bem pequenas. Ao chegarem em casa, por vezes, não conseguem contar todas as experiências vivenciadas durante as quase nove horas que passam na Umei, podendo muitas memórias se perderem e os pais, assim como elas, não terem acesso a tais memórias. Nesse sentido, a documentação pedagógica possibilita a rememoração. No material em análise, as lembranças se materializam nas fotos, que evidenciam as vivências das crianças pela observação das professoras, colaborando significativamente para a estruturação de uma relação de confiança com os pais. Como salientam Gandini e Goldhaber (2002, p. 158), "a documentação estimula-os a se sentirem mais próximos das experiências que seus filhos têm fora de casa e significa uma importante contribuição para a confiança dos pais na creche ou na pré-escola".

Como é possível compreender, o blocão do Grei 2B corresponde às necessidades do grupo, relativas à idade e às próprias características (identidade) que lhe são constitutivas, um grupo que está chegando à escola e se familiarizando com ela; marcando as memórias e as interpretações das professoras e as narrativas que permeiam a escolha das fotos, a confecção do suporte, bem como os diálogos efetivados com os pais e a equipe da escola.

O blocão do Grei 5B

Diferentemente do Grei 2B, o Grei 5B conta com dois blocões: um com o título "Memoráveis lembranças" e outro que tem como capa uma pintura das crianças que dialoga com a obra *O semeador*, do pintor Van Gogh. Neles estão alguns registros de atividades e projetos realizados ao longo do ano.

O blocão "Memoráveis lembranças" tem como suporte um caderno em tamanho A3. Suas páginas contam um pouco sobre as vivências do grupo no ano de 2015 por meio de fotografias, pequenas frases escritas pelas professoras, textos e desenhos das crianças, bem como suas falas, usadas como legenda para algumas fotos.

As fotografias mesclam-se entre posadas e espontâneas, exibindo as crianças e as professoras de maneira sensível e envolvente, transmitindo ao leitor/espectador o trabalho realizado e o tempo investido, assim como os sentimentos e as emoções latentes, porque as lembranças impressas também exibem a despedida desse grupo (de crianças com 5 e 6 anos), tanto da escola, quanto da educação infantil, marcando um rito de passagem da educação infantil para o ensino fundamental. A cada página as fotografias parecem ganhar movimento, considerando as diferentes disposições utilizadas pelas professoras, ora enfatizando-as, ora enfatizando seus escritos ou a transcrição das falas das crianças.

A organização e a seleção de materiais aparentam ter sido realizadas pelas docentes, mas observamos "pequenas mãos" dando o ritmo de tais ações, tendo em vista que professoras são "coconstrutoras das vidas das crianças", como salientam Dahlberg, Moss e Pence (2003), ao contarem sobre elas a partir de suas escolhas e interpretações individuais.

O segundo blocão, impactante à primeira vista pelo colorido de sua capa, tem como suporte a cartolina, que, ao ser colorida, pintada, desenhada, aparenta adquirir novas propriedades. A capa já aponta para o conceito de autoria, com a releitura singular, em tinta guache, da obra *O semeador*, do pintor Van Gogh, materializada na mistura das cores e na marca dos pincéis, emoldurada com um papel azul marcante, repleto de flores prateadas.

No virar das páginas, encontram-se múltiplos registros. Das fotografias aos desenhos, das experiências com sombras a uma sereia (montada com variedade de papéis e tinta), que se esconde dobrada. Encontra-se inclusive o registro escrito da professora sobre um dia de observação no parquinho, datado de março de 2015.

> Durante minha observação o aluno A.M., do Grei 5A, se aproxima e me informa que estávamos atrasados, pois já eram 10:05, quando olhei no relógio do parquinho observo que realmente marcava 10:05. Então questiono: – Sabe ver as horas? Ele me responde: – No relógio das crianças sim. Até pergunto as horas do meu celular e o mesmo me responde corretamente 11:01. Neste momento estimulei o aluno a colocar a hora certa no brinquedo e disse a ele que a hora é igual para todos: adultos e crianças. (Registro de uma das professoras no blocão)

O registro da professora, o qual elucida seu papel de mediadora do conhecimento, demonstra como os aprendizados se dão no espaço escolar: não somente nas salas de aula ou por meio de atividades dirigidas. O aprendizado é contínuo e não tem data nem hora marcadas para acontecer; a observação e a escuta atenta são as ferramentas necessárias para não perder esse momento que, quando registrado, faz a professora refletir sobre o ocorrido. Na narrativa em análise, a professora percebeu que se tratava de uma situação particular da criança, que não precisaria ser estendida à turma, mas, caso ocorressem outros questionamentos, ela poderia discutir sobre o tema com o grupo.

É válido ainda destacar o entendimento da criança acerca da hora: existindo um relógio para crianças e outro para adultos. Realmente o tempo para ambos parece passar diferente. Enquanto a criança brinca, sem marcação, o adulto controla o tempo, sabe que esse senhor está ali para dizer quando a brincadeira tem fim. A hora é igual para todos, como refletiu a professora, mas o tempo... quem saberá dizer?

Na interlocução com a mitologia grega acerca do tempo, encontramos dois tempos: *Chrónos* e *Kairós*. *Chrónos* é o deus marcador da linearidade, da objetividade, da cronologia (dias, meses, anos, séculos, milênios...), enquanto *Kairós* é o deus da experiência ocorrida no momento oportuno, o tempo da oportunidade, tempo sem medida (Quanto dura um amor? Quanto dura uma saudade?) (Ferreira e Arco-Verde 2001). O tipo de tempo a nortear as vivências das crianças parece ser *Kairós*.

E essas crianças, que vivem num tempo diferente do dos adultos, imprimem suas identidades e criatividade no blocão em análise. Vários dos registros são desenhos: representação da ida à Casa da Descoberta (local onde se tem conhecimentos físicos materializados, localizado na Faculdade de Física da UFF) e autorretratos, inclusive com o nome de seus autores, para registrarem quem levaria o quê, para um experimento a ser realizado na sala. Essa documentação realizada pelas crianças – que, no caso da ida à Casa da Descoberta, tentam concretizar o que aprenderam – possibilita o diálogo com Madalena Freire, que fala sobre a importância desse processo na medida em que narra um fato ocorrido em sua classe:

> Voltando à sala relembrei o que vi no parque, dei uma folha de papel bastante comprida, e pedi para irem mostrando o que tínhamos visto na areia. Isto porque penso que é importante que as crianças *documentem* concretamente, e no caso, através do desenho, suas experiências, suas vivências, *seu trabalho*. Este é um dado que o professor sempre desenvolveu para que elas próprias se organizassem. (Freire 1989, p. 50; grifos do original)

Os blocões, como foi possível constatar, caracterizam-se pela narrativa das docentes, ora como escribas de textos/falas das crianças, ora como autoras, e pela documentação do que dizem e fazem as crianças. Percebe-se que não se trata de um portfólio com desenhos a serem apresentados ao final do ano letivo, porque o blocão vai sendo elaborado no decorrer do ano, ao longo dos processos, no diálogo com os pais e a equipe escolar (referindo-se ao Grei 2B) e no diálogo com as crianças (referindo-se ao Grei 5B). Esse tipo de recurso propõe um desafio ao educador que é colocar em "exercício um planejamento transformador do tempo que corre e nos escraviza (em busca de um produto final), em um tempo suspenso, pausado (entregue ao processo), que permite às crianças o pensar e fazer" (Ostetto 2011, p. 33).

A documentação representada pelos blocões é rica na forma e no conteúdo, marcada pela diversidade de materiais e também de registros que a constituem (escritos, pinturas, fotografias etc.). Enxergamos professoras e crianças trabalhando coletivamente, registrando seus feitos, marcando a história do grupo e criando identidades. Esse tipo de registro, o blocão, revela o trabalho realizado naquele contexto educativo da Umei, no processo que segue durante todo o período letivo, não se constituindo em modelo, nem pretendendo objetividade, visto que cada grupo de crianças demanda diferentes registros para a comunicação, compreendendo a faixa etária, os interesses, as hipóteses levantadas. São diferentes histórias gerando múltiplas histórias!

Para finalizar, recorro às palavras claras de Cecília Warschauer (1997): "A possibilidade da descoberta dos caminhos próprios de cada classe nasce da reflexão e dos registros: no Diário do professor, nos textos individuais dos alunos, nos planejamentos coletivos das atividades, pendurados nas paredes da sala de aula, ou nos livros coletivos". Assim se constrói identidade, assim se afirmam saberes e fazeres, tecendo autoria.

Referências bibliográficas

ALVES, R. (2000). *Estórias de quem gosta de ensinar: O fim dos vestibulares.* Campinas: Papirus.

BRASIL (1996). LDB: Lei n. 9.394/96, de 20 de dezembro de 1996. Estabelece as Diretrizes e Bases da Educação Nacional. Brasília: MEC. [Disponível na internet: http://www.planalto.gov.br/ccivil_03/leis/L9394.htm, acesso em 8/2016.]

_______ (1998). *Referencial curricular nacional para a educação infantil*, v. 1. Brasília: MEC/SEF. [Disponível na internet: http://portal.mec.gov.br/seb/arquivos/pdf/rcnei_vol.1.pdf, acesso em 8/2016.]

_______ (2009). *Diretrizes curriculares nacionais para a educação infantil.* Brasília: MEC/SEB. [Disponível na internet: http://www.portalsas.com.br/portal/pdf/Resolucao_n5.pdf, acesso em 8/2016.]

DAHLBERG, G.; MOSS, P. e PENCE, A. (2003). "Documentação pedagógica: Uma prática para a reflexão e para a democracia". *In*: DAHLBERG, G.; MOSS, P. e PENCE, A. (orgs.). *Qualidade na educação da primeira infância: Perspectivas pós-modernas.* Trad. Magda França Lopes. Porto Alegre: Artmed.

EDWARDS, C.; GANDINI, L. e FORMAN, G. (1999). *As cem linguagens da criança: A abordagem de Reggio Emilia na educação da primeira infância*. Porto Alegre: Artmed.

FERREIRA, V.M.R. e ARCO-VERDE, Y.F. de S. (2001). "*Chrónos & Kairós*: O tempo nos tempos da escola". *Educar*, n. 17. Curitiba: Ed. da UFPR, pp. 63-78. [Disponível na internet: http://www.scielo.br/pdf/er/n17/n17a06.pdf, acesso em 9/2016.]

FREIRE, M. (1989). *A paixão de conhecer o mundo*. 7ª ed. Rio de Janeiro: Paz e Terra.

______ (org.) (1995). *Observação, registro, reflexão: Instrumentos metodológicos I*. São Paulo: Espaço Pedagógico.

GANDINI, L. (1999). "Espaços educacionais e de envolvimento pessoal". *In*: EDWARDS, C.; GANDINI, L. e FORMAN, G. *As cem linguagens da criança: A abordagem de Reggio Emilia na educação da primeira infância*. Porto Alegre: Artmed, pp. 145-158.

GANDINI, L. e GOLDHABER, J. (2002). "Duas reflexões sobre documentação". *In*: GANDINI, L. e EDWARDS, C. (orgs.). *Bambini: A abordagem italiana à educação infantil*. Porto Alegre: Artmed, pp.150-169.

LARROSA-BONDÍA, J. (2002). "Notas sobre a experiência e o saber de experiência". *Rev. Bras. Educ.*, n. 19, pp. 20-28 [*on-line*]. [Disponível na internet: http://www.scielo.br/pdf/rbedu/n19/n19a02.pdf, acesso em 8/2016.]

LEITE, M.I. (2010). "Linguagens e autoria: Registro, cotidiano e expressão". *In*: OSTETTO, L.E. e LEITE, M.I. (orgs.). *Arte, infância e formação de professores: Autoria e transgressão*. 6ª ed. Campinas: Papirus, pp. 25-39.

MALAGUZZI, L. (1999). "História, ideias e filosofia básica". *In*: EDWARDS, C.; GANDINI, L. e FORMAN, G. *As cem linguagens da criança: A abordagem de Reggio Emilia na educação da primeira infância*. Porto Alegre: Artmed, pp. 59-104.

OSTETTO, L.E. (2008). "Observação, registro, documentação: Nomear e significar as experiências". *In*: OSTETTO, L.E. (org.). *Educação infantil: Saberes e fazeres da formação de professores*. Campinas: Papirus.

______ (2011). "Educação infantil e arte: Sentidos e práticas possíveis". *Caderno de formação: Didática dos conteúdos formação de professores*

(Curso de Pedagogia), v. 1. São Paulo: Universidade Virtual do Estado de São Paulo/Cultura Acadêmica.

______ (2014). "A dimensão estética da documentação pedagógica: Poéticas do processo". Projeto de pesquisa. Niterói: UFF.

OSTETTO, L.E.; OLIVEIRA, E.R. e MESSINA, V. da S. (orgs.) (2002). *Deixando marcas...: A prática do registro no cotidiano da educação infantil*. Florianópolis: Cidade Futura.

WARSCHAUER, C. (1997). "Nossas escritas na escola e as escritas da escola em nós". *Revista da Escuela Psicopedagógica de Buenos Aires*, n. 5. [Disponível na internet: http://www.rodaeregistro.com.br/pdf/textos_publicados_9_nossas_escritas_na_escola_e_as_escritas_da_escola_em_nos.pdf, acesso em 9/2016.]

Especificações técnicas

Fonte: Times New Roman 11 p
Entrelinha: 14 p
Papel (miolo): Offset 75 g
Papel (capa): Cartão 250 g
Impressão e acabamento: Paym